Henri Louis Duhamel du Monceau, Johann Heinrich Gottlob von Justi

Die Kunst des Zuckersiedens durch Herrn Dühamel du Monceau

Henri Louis Duhamel du Monceau, Johann Heinrich Gottlob von Justi

Die Kunst des Zuckersiedens durch Herrn Dühamel du Monceau

ISBN/EAN: 9783743467378

Hergestellt in Europa, USA, Kanada, Australien, Japan

Cover: Foto ©Lupo / pixelio.de

Manufactured and distributed by brebook publishing software (www.brebook.com)

Henri Louis Duhamel du Monceau, Johann Heinrich Gottlob von Justi

Die Kunst des Zuckersiedens durch Herrn Dühamel du Monceau

Die Kunst des Zuckersiedens

durch

Herrn Dühamel du Monceau.

Aus dem Französischen der *Descriptions des Arts et Metiers* übersetzt

von

Johann Heinrich Gottlob von Justi.

Mit Kupfern.

Königsberg und Mietau,
bey Johann Jacob Kanter.
1 7 6 5.

Die
Kunst des Zuckersiedens*.
Durch
Herrn Dühamel du Monceau.

Einleitung.

Der so häufig zum Gebrauch dienende Zucker, ist das wesentliche Salz einer Art von Rohr, welches in Neu-Spanien, in Brasilien zu St. Christophorus, zu Guadaloupe, auf den Inseln Martinique, Domingo, und fast in allen spanischen, englischen und französischen Colonien, die zwischen den beyden Himmels-Linien gelegen sind, gebauet und geerntet wird. Dieses Rohr wird im französischen Canne à Sucre im lateinischen Arundo Saccharifera, Arundo Saccharina, Arundo & Calamus Saccharinus, Meli-Calamus, Canna mellea u. s. w. genannt.

---

*) Ich habe in der Niederlage der Akademie keine Abhandlung von der Zuckersiederey gefunden, wohl aber zwey Kupfertafeln die davon handelten. Von der einen, die die Mühle, worinnen das Zuckerrohr gepreßt wird, vorstellet, habe ich Gebrauch gemacht; was die andere betrifft, so war die Zeichnung so wenig richtig, daß ich geglaubt habe berechtiget zu seyn, sie als Ausschuß anzusehen.

Da ich vor ohngefehr dreyßig Jahren mich genöthiget sahe, ein ganzes Jahr in Orleans zu leben, so bestand mein Vergnügen darinnen, in Gesellschaft des Herrn Arnauld de Nobleville, alle Handlungen in der Zuckersiederey zu beobachten. Diese Untersuchung hat mich bewogen, der Akademie der Wissenschaften zu versprechen, die Kunst des Zuckersiedens zu beschreiben. Da aber seit dreyßig Jahren meine Ideen sehr

Die Kunst des Zuckersiedens.

Dieses Rohr hat, so wie alle andere Pflanzen dieser Art, seine Blüthe, so wie eine Aehre gestaltet. Es hat keine Blumenblätter, es sey denn, daß man die inwendigen kleinen Blätter des Kelches dafür ansehen wollte, und in diesem Fall kann man bestimmen, daß das Zuckerrohr zwey dergleichen Blumenblätter hat, die mit kleinen dünnen Fäserlein oder Haaren versehen sind. Der Kelch ist von vielen Schuppen zusammen gesetzt, aus welchen drey zarte Stänglein, mit länglichten Staubspitzen versehen, hervorragen, und die sich in zwey Theile theilen; der Blumengriffel bestehet aus zwey haarigten Griffeln, die gekrümmt und durch geendiget sind. Am Fuß des Griffels ist ein länglichtes Saamenbehältniß, welcher Saamen, wenn er seine Reife erlangt, spitzig zugehet.

Das Zuckerrohr sowohl als alle übrigen Rohre, hat einen geraden Stamm, der mit Knoten versehen ist, woraus lange dünne und spitzige Blätter hervor kommen, die den Stamm von unten an umschließen. Statt daß die Substanz unserer Rohre wenig feuchte, und feste genug ist, Spazierstöcke davon zu machen, hat das Zuckerrohr im Gegentheil so wenig Festigkeit, daß man gar leicht den Nagel in sein Oberthell eindrücken kann; und es bestehet fast gänzlich aus einem Mark oder flüßigen Fleische, wovon der Saft weich und verzuckert ist: in diesen Stücken bestehet vornehmlich ihr Nutzen.

sehr verwickelt geworden; so fand ich rathsam, daß ich mein Gedächtniß über alle Handlungen dieser Kunst erfrischen müßte. Da ich wieder durch Orleans mußte, habe ich mich zu den Herrn von Vanderbergue gehalten, der auf eine ganz höflische Weise mir den Eintritt in seiner Zuckersiederey anerboth, und zugleich versicherte, mich selbst dahin zu begleiten, damit ich um so viel besser alle Handlungen der Arbeiter bemerken könnte. Ich nahm mit vieler Erkänntlichkeit ein solches höfliches Verfahren an, und in wenig Tagen hatte ich alle meine vorher gefaßten Ideen wieder zusammen in Ordnung gebracht. Der Herr des Friches half mir alle Handlungen aufzuzeichnen, und er schenkte mir hernach die Zeichnung derjenigen Figuren, die auf der dritten Tafel vereiniget, und von einer Hand sind; zugleich auch den Entwurf, die Stellung der meisten nöthigen Arbeiter, vorstellend. Nachdem ich in Denainvilliers zurück gekommen, und meinen Vorsatz vor Augen hatte, so habe ich die Kunst, die ich dem Publico hiebey vorlege, in die Feder gefaßt. Und um von dem Vertrauen desselben keinen mißtrauigen Gebrauch zu machen, habe ich mein Manuscript dem Herrn von Nobleville zugesandt, und ihn ersucht, dasselbe dem Herrn von Vanderbergue meinem ersten Lehrmeister, und hernach dem Herr von Gnendreville zuzustellen, welcher mir seine Gedanken darüber zu entdecken verspochen hatte. Da ich nun von denen Anmerkungen dieser geschickten Leute Gebrauch gemacht, so getrauete ich mich, meine Arbeit als richtig anzusehen, jedoch zog ich noch den Herrn le Baisseur zu Rathe, und betrog ihn mein Manuscript durchzulesen; dieser versicherte mir, daß ich es dem Publico sicher darbieten könnte. Endlich so hat der Herr Soyer, Ingenieur der Brücken und der Wege, der damalen in Orleans war, mir den Entwurf, so wie man denselben auf der zehnten Tafel sieht, zugestellet. Ich leiste meinem Verlangen ein Genüge, wenn ich dem Publico benachrichtige, daß es die Erkänntlichkeit, welche denen Herren von Vanderbergue, von Guendreville, von Nobleville, von Friches und Soyer, gehöret, mit mir theilen müsse.

Die Höhe und Stärke dieses Rohres hänget von der Fruchtbarkeit des Bodens ab. Man hat einige Stämme gefunden, die bis auf zwanzig Fuß lang, und mehr als zwanzig Pfund wogen. Je mehr das Rohr von der Sonne erwärmet wird, desto mehr führet es Zucker bey sich. Inzwischen, um auf eine leichte Weise guten Zucker daraus zu ziehen, muß es bey guter Witterung geerntet werden; und zwar, wenn es zu einem gewißen Grad von Reife gelanget ist, welches sich daran erkennet, wenn es eine gelbe Farbe erlanget hat, der Stamm auch glatt, trocken und mürbe geworden ist. Das schwereste ist das Beste: Das Mark muß grau, und fast ein wenig braun, klebrig, und der Saft muß sehr weich seyn. Die Natur des Erdbodens trägt sehr viel zu dieser Güte bey. In einem fetten und starken Erdboden wird das Rohr sehr hoch, allein der Saft davon, der sehr häufig ist, giebt schwerlich einen guten körnigten Zucker, da im Gegentheil das auf einen leichteren Boden gewachsene Rohr, der abschößig, der vielen Grund hat, und der der Sonne am meisten bloß gelegen ist, in Menge, und sehr bequem körnigten Zucker giebt. Da hier nicht der Ort ist, sich über die unterschiedenen Hervorbringungen die durch die verschiedenen Naturen des Erdbodens entstehen, zu erklären, so begnüge ich mich überhaupt zu sagen, daß das in einem feuchten Erdboden gewachsene Rohr in seinem Saft sehr viel Phlegma führet, der mithin sehr lange gekocht werden muß, und daß das in sehr trocknen Erdboden hervorgekommene Rohr sehr klebrigten Saft in sich hat, dann und wann mit etwas Wasser vermischet werden muß, um es in gehörigen Stand setzen zu können.

Wenn der Boden, worauf Zuckerrohr gepflanzet werden soll, tüchtig geackert und angebauet worden ist, misset man nach der Schnure die Züge von zwey Fuß weit ein von den andern ab, wenn der Boden mager ist, ist er aber sehr gut, so geschiehet es in der Entfernung von drey und einen halben Fuß. Nach Maaßgabe dieser Züge macht man Graben von ohngefehr funfzehn Zoll lang, von vier bis fünf Zoll breit, und sieben bis acht Zoll tief. In jeden Graben werden zwey Schnittlinge von Rohr gepflanzt, die 15 bis 18 Zoll Länge haben müssen, und man stellet sie so, daß man in jedem Ende des Grabens ein Stück des Rohres von ohngefehr vier Zoll lang hervorragen siehet. Da die Wurzeln gemeiniglich aus denen Knoten des Rohres entstehen, und hervorgebracht werden, so werden diejenigen Schnittlinge, die viel dergleichen haben, am liebsten genommen. Dieserhalb werden die Schnittlinge vorzüglich von dem Obertheil des Rohres unter der Aehre genommen, allein man kann unmittelbar diese Aufmerksamkeit weg lassen, und verschiedene Schnittlinge von einem Rohrstamme absondern.

Die wahre Zeit das Rohr zu pflanzen, ist das Regenwetter, denn, wenn nach Verlauf von acht Tagen, wenn es gepflanzt worden, Regen einfällt, so wird es binnen dieser Zeit schon zu wachsen angefangen haben. Das Rohr muß sorgfältig gejätet, und so lange als Gras darinnen wächset, damit fortgefahren werden. Diese Aufmerksamkeit wird zum Theil verringert, wenn das Rohr stark genug geworden ist, alles Gras, welches unter dasselbe hervorkommt, zu ersticken. Alle Arten von Vieh muß man auch von diesen Plantagen entfernen, und den Ratzen die sehr begierig nach den Zuckerröhren sind, sorgfältig nachstellen. Diese Beschreibung soll hinlänglich seyn, einen Begriff von dem Anbau dieser Pflanzen zu machen; wir wollen nun auch ein Wort von der Erndte derselben reden.

Nach Verlauf von 14, 15 oder 16 Monaten, schneidet man das Rohr ab, mit einem Worte, allemal, wenn es den vorbeschriebenen Grad seiner Reife erlangt hat. Es ist allemal unzuträglicher dasselbe zu grün als zu reif abzuschneiden.

In trocknem Erdreich, das wenig Grund hat, muß das Rohr, nachdem es zweymal abgeschnitten worden, wiederum gepflanzet werden. In einem guten Boden stehet dasselbe zwanzig und mehr Jahre, da die alten Stämme bis auf zwanzig neue Sprossen hervorbringen. Hiebey wird wahrgenommen, daß die Stämme allemal mit Erde angehäufet werden müssen, sobald sie zu weit aus der Erde hervor kommen.

Um die Vorbereitung zu der Erndte des Rohres anzustellen, reisset man alles Unkraut, das während des letzten Jätens gewachsen seyn kann, aus; einige Zeit nachher schneidet man den Stamm des Rohres mit einem Gartenmesser ab, bindet sie in Bündel, und bringet sie nach der Mühle, um daraus, so bald als möglich, den Saft zu ziehen; denn es würde sich ein merklicher Schade zeigen, wenn sie zur Gährung gelangten, und sich zu erhitzen anfiengen.

Wenn das Rohr abgeschnitten, und wie eben beschrieben, gehandhabet worden ist, muß man den Saft daraus ziehen, welches geschiehet, wenn man dasselbe durch große Rollen und eiserne Walzen gehen lässet (K. I. K. erste Taf. Fig. 1.) die vermöge ihres Umlaufs, das Rohr zwischen ihnen fest halten, es zerbrechen, und stark in der Entfernung, welche selten mehr als einen oder 1½ Strich Raum haben, quetschen: der auf diese Weise ausgepreßte Saft fällt in einen dazu bestimmten Trog. Da in einer jeden Mühle drey Walzen sind, so wird alles Rohr unter zwey dieser Rollen gebracht, und zwar unter der Rolle I und eine von der Seite K. Eine Mohrinn empfängt das Rohr auf der anderen Seite der Mühle, biegt es zweyfach zusammen, und lässet es von der Seite, wo es hergekommen war, zurücke gehen, und zwar zwischen der Walze, die in der Mitte ist, und der anderen von der entgegenstehenden Seite K wornach dasselbe allen Saft verlohren hat. Das Rohr, woraus der Saft gepreßt worden ist, wird Bagasse oder Stroigt-Rohr genannt. Es wird getrocknet, und hernach unter den Kessel verbrannt. Da der Saft des Zuckerrohres sehr leicht gähret, und sauer wird, so wird die Mühle fleißig und oft ausgewaschen, damit alle Ursachen zur Gährung entfernet werden, und man muß, ohne damit zu säumen, den Saft zum kochen in den Kessel thun.

Der Saft des Zuckerrohres, den man auch sonst den Rohr-Wein, Vin de canne, nennet, ist eine flüßige Materie, die zum trinken angenehm ist, und die für sehr gesund gehalten wird. Dieser Saft ist wenig oder mehr süsse, mehr oder wenig verzuckert, nachdem das Rohr die gehörige Reise erlangt hat, und nach Maaßgabe, daß der Boden gut ist. Demnach giebt es Saft, der mehr als ein anderer gekocht werden muß. Ein jeder

der muß abgeschaumt und klar gemacht werden, und endlich durch das Kochen hinlänglich in die Enge gebracht worden seyn, damit das vornehmste Salz sich wenigstens zum Theil von dem Syrup entferne und sich anschieße.

Diese verschiedenen Handlungen gehen vor, wenn man den Saft nach und nach in verschiedene Pfannen oder Kessel schüttet. Um wahrzunehmen, was darinnen vorgehet, muß man wissen, daß der Saft aus dem vornehmsten Salz des Rohres bestehet, welches sich mit vielen Phlegma auflöset, und mit einer fetten und syrupigten Substanz vermischet ist *). Nun ist bekannt, daß ein in zu vielen Wasser verbreitetes Salz niemals anschießen kann, und die syrupigte Substanz ein noch größeres Hinderniß zum Anschießen verursachet; noch mehr, diese fette Materie, wenn sie in einer hinlänglichen Menge Wassers ausgebreitet ist, bringet eine sehr starke Gährung zuwege, welches denn wahrnehmen lässet, daß um das wesentliche körnigte oder anschießende Salz zu finden, und zwar in dem Stande, worinnen es ohne Gährung bestehen kann, man es in die Enge bringen, und es von der allergröbsten, fettesten und schmierigten Substanz entledigen müsse. Ich sage von der gröbsten, denn es bleibt immer genug davon in dem Zucker, weil er leicht anzuzünden und der Gährung sehr unterworfen ist, sobald man ihn in eine hinlängliche Menge von Wasser zergehen lässet. Wenn der Syrup und die verzuckerten Sachen, welche mit wenig geläutertem Zucker eingemacht werden, so wie zum Exempel der graue Farinzucker dem Anschießen oder Candiren wenig unterworfen sind, so entstehet es daher, weil die fette und schmierigte Substanz, die sie in sich fassen, das Anschießen abhalten. Wenn der wenig gekochte Syrup, sowohl als die gleichfalls wenig gekochten verzuckerten Sachen, der Gährung und sauer zu werden ausgesetzet sind, so kömmt es daher, weil diese Sachen hinlängliches Phlegma in sich fassen, wodurch die Gährung entstehen kann. Kann man vielen hitzigen Geist aus dem groben Syrup und Saft ziehen, so entstehet derselbe daher, daß alles beydes viele grobe und schmierigte Materie bey sich führet, die durch die Gährung den hitzigen Geist hervor bringet. Wenn die überzuckerten Sachen und der Syrup beydes von gut geläutertem Zucker gemacht werden sind, sich leicht candiren, so folgt, daß die schmierigte Substanz, die durch das läutern ausgezogen worden, keine Hinderniß mehr verursachen kann, und mithin nichts mehr im Wege ist, das Candiren zu hindern.

Da wir diese Erkänntniß haben, so lasset uns nur kürzlich die verschiedenen Handlungen in denen Zuckersiedereyen der Insulaner durchgehen.

Der Saft des Zuckerrohres sammlet sich in dem Behältniß (I. Taf. Fig. 1. u. K. K. Figur 2). Aus diesem Behältnisse schöpft man ihn und füllet eine große Pfanne oder Kessel

---

*) Wenn ich in der Folge dieser Abhandlung von einer fetten Substanz reden werde, so muß man darunter kein solches Fett verstehen, das mit dem Fette dem Thiere in Vergleich zu ziehen ist. Es ist eine klebrigte Substanz, die sehr leicht gähret, und die das Anschießen des Zuckers hindert.

8 **Die Kunst des Zuckersiedens.**

Keſſel S. mit dem Saft, den man aus der Mühle in einem Braubottig oder Behältniß K. (Fig. 2.) erhalten hat, an; es geſchiehet zuweilen, daß dieſer Saft von ſich ſelber zu fließen anfängt, und nach der Maße, daß man ihn in der großen Pfanne oder Keſſel F. ausdrücket.

Nachdem er mehr oder weniger fett iſt, gießet man Kalk und Aſchenwaſſer hinzu; es geſchiehet auch zuweilen, daß Kalk, pure Aſche und Alaun hinein geworfen wird, wornach man denn den Schaum abſchöpfet.

Der Syrup wird nach und nach in verſchiedene Pfannen gebracht, und es wird allemal Kalk und Aſchenwaſſer hinzu geſchüttet und hernach mit Fleiß abgeſchäumt. Iſt nun der Syrup in der letzten Pfanne I. tüchtig geläutert worden, ſo kocht man ihn hinlänglich ab, und ſchüttet ihn in einen Braubottig, damit er abkühle; iſt nun der Syrup wohl gekocht und tüchtig abgeſchäumt, ſo wird man eine ſtarke Rinde oder Cruſte von Zucker gewahr werden; es ſetzen ſich auch Körner an den Seiten des Gefäßes an, und am Boden deſſelben wird man dergleichen Körner finden; wenn aber beydes das Kochen und das Abſchäumen übel gerathen und nicht gehörig beſorgt worden iſt, ſo ſcheidet ſich der Syrup °) von dem körnigten Zucker nur ſehr unvollkommen, und nicht eher, bis daß der Syrup ganz und gar kalt geworden iſt. Es ſey nun wie ihm wolle, ſo wird der körnigte Zucker mit dem Syrup ſtark umgerühret, und hernach in Becken noch warm in kleine Wannen gebracht, die an dem Ort ſtehen, woſelbſt die Fäſſer gefüllt werden ſollen.

Wenn der Syrup kalt geworden iſt, daß man den Finger darinnen leiden kann, ſo werden die Fäſſer, die auf ihren einen Ende ohne Deckel und mit dieſer Seite in die Höhe gerichtet ſind, angefüllt. Die andere Seite ruhet auf einen Roſt, der einen großen Waſſerfang oder Ciſterne bedeckt, worinnen ſich der Syrup, der ablaufen muß, zuſammen ſammlet.

In denen auf dem Roſt ſtehenden Fäſſern macht man unten im Boden zwey bis drey Oefnungen, wodurch einige Rohrſtämme geſtochen werden, damit der Syrup, ohne den körnigten Zucker mit ſich zu nehmen, ablaufen könne.

Es werden, wie ich eben geſagt habe, die Fäſſer von dem Syrup, der in den kleinen Wannen befindlich, gefüllt, ſo bald der Grad ſeiner Hitze zuläßt, daß man den Finger darinnen halten kann; würde der Syrup zu heiß, und bevor ſich die Körner geformt haben, in die Fäſſer geſchüttet werden, ſo würde man vielen Zucker verlieren, der mit dem Syrup in die dazu ausgeſtellte Ciſterne fiele; wenn dieſes aber auch im Gegentheil geſchähe, wenn der Syrup zu kalt geworden, ſo würde der durch die Kälte hart gewordener Syrup zum Theil dem Zucker einverleibt bleiben; beobachtet man indeß den Grad, der

ſo

°) Ich weiß, daß man in denen Zuckerſiedereyen den Syrup eine klebrichte und fette Subſtanz nennet, der ſich von dem Kornzucker abſondert; da man aber im Gebrauch hat, den Syrup einen in Waſſer aufgelöſeten Zucker zu nennen, der nicht candiret iſt, ſo werde ich keine Schwierigkeit machen, dann und wann dieſen Namen in dieſer Bedeutung zu gebrauchen.

Die Kunst des Zuckerſiedens.

ſo eben gedacht worden, ſo fließet ein Theil des Syrups in die Eiſterne, und es bleibt in den Fäſſern ein weſentliches Salz, mehr oder weniger braun, das den Namen von rohen oder Farinzucker erhält. Je mehr dieſer rohe Zucker körnigt iſt, deſto weniger wird er in dem Faſſe ſinken; allein er ſinket allemal nothwendiger Weiſe in jedem Faſſe, daher kommt es, daß man die Fäſſer aus anderen anfüllt, die bereits allen bey ſich führenden Syrup von ſich gegeben haben.

Wenn die Fäſſer vom Syrup geläutert worden ſind, ſo drücket man ſie feſt in Grund, und verſchicket ſie ſodann nach denen Zuckerſiedereyen von Europa. Es iſt leicht wahrzunehmen, daß unter dieſem rohen Zucker viele verſchiedene Gattungen ſeyn müſſen, nach Maßgabe des Bodens, worauf das Zuckerrohr erzeuget worden, und zu Folge der Geſchicklichkeit des Zuckerſieders, der den Syrup tüchtig gekocht und allen Schaum abgeſchöpft hat, auch nachdem man den Zucker weniger oder mehr vom Syrup ſich läutern laſſen. Ein guter Farinzucker kann mehr als $\frac{1}{2}$ weißen Zucker geben, dahingegen anderer faſt gänzlich zu Syrup verwandelt wird. Die Güte des rohen Zuckers beſtehet darinnen, daß die Körner grob und hell, den weißen etwas ähnlich, hart, trocken und vom Syrup tüchtig gereiniget ſeyn müſſen; auch daß derſelbe nicht nach Brandt rieche und keine Säure bey ſich führe.

Da die vornehmſte Vollkommenheit des rohen Zuckers darinnen beſtehet, daß der Syrup hinlänglich entfernt ſeyn muß, ſo hat man den Gebrauch angenommen, den geläuterten Saft, der zu Syrup gekocht worden, in große Formen zu ſchütten und ſie in die Erde zu graben; wornach man denjenigen Zuckerhüten, die braun geblieben ſind, die Spitze abſchlägt, und nachdem ſie auf der Darre getrocknet worden, ſtößet man ſie in einem Mörſer, um alsdann mehr oder weniger weißen Farinzucker davon zu machen, nach Maßgabe des Fleißes, den man angewendet hat, den Syrup zu läutern und denſelben in die Erde zu ſcharren; daß alſo dieſer Farinzucker nichts anders iſt, als Zucker, den man in Staub verwandelt hat. Die Inſulaner ziehen auch aus dem Schaum und aus dem Syrup, der in obengedachten Ciſternen ſich verlaufen hat, einen Zucker, und ſogar läutern ſie Zucker, wie die Europäer. Allein ich werde mich nicht über alle dieſe Artickel ausdehnen, da ſie in der Kunſt des Zuckerſiedens enthalten ſind, und die den einzigen Zweck dieſer Arbeit ausmachen. Alles was von der Arbeit, die in Amerika geſchiehet, geſagt worden iſt, iſt bloß darum geſchehen, damit ſich die Urſachen, woher der Unterſchied des groben Zuckers oder Farinzuckers, der nach Europa gebracht wird, entſtehe, bemerken ließen. Die Arbeit der Zuckerſiedereyen derer Inſulaner wird ohnehin abgeſondert, durch einen Mann beſchrieben werden, der vermögend iſt, auf der Stelle ſelbſt zu arbeiten; dannenhero ich mich begnüge bloß anzuzeigen, daß man von denen Inſeln, 1) rohen Zucker, 2) grauen Farinzucker, 3) weißen Farinzucker, und 4) rafinirten und geſtoßenen Zucker erhält.

B   Empfang

Die Kunst des Zuckersiedens.
Empfang der Fässer.

Wenn die Fässer mit Zucker in der Zuckersiederey angekommen sind, wiegt man sie, damit es sich zeige, ob der Empfang mit dem Facturzettel gleichlautend ist, und hernach stellet man sie in eine Niederlage, die aber trocken seyn muß. Hier werden die Fässer eines auf das andere geschichtet, so wie es sich auf der 2ten Tafel Figur 1. zeiget, und zwar geschiehet solches durch die Thür dieser Niederlage, die man in der Figur darum offen gelassen, damit das Anordnen der geschichteten Fässer wahrzunehmen sey. Diese Fässer bleiben in dieser Niederlage, worinnen man die Fässer mit grauen und die mit weißen Farinzucker jede Gattung abgesondert hat, stehen. Es ist eine große Nothwendigkeit, daß die Niederlagen, worinnen man den rohen Zucker absetzet, mit Steinen ausgelegt, und abschößig gebauet seyn müssen, auch daß in dem niedrigen Theile der Niederlage, eine oder zwey Oefnungen von ein paar Fuß tief in die Erde gegraben worden, in welchen sich der Syrup, der nicht aufhöret aus den Fässern mit rohen Zucker zu tröpfeln, bis daß dieselben zerschlagen sind, versammlen könne. Ohne diese Vorsicht würde es sehr schmutzig seyn, und man würde zu denen Fässern nicht gelangen, oder dieselbe wegrollen können, ohne gleichsam rücklings zu gehen. Da hingegen, wenn der Syrup sich in die Oefnungen, wovon eben geredet worden, eintröpfelt, und daß man dahin siehet, dieselben, wenn sie voll geworden sind, auszuleeren, so entstehet vermöge dieser Aufmerksamkeit, daß die Niederlage rein bleibe, und daß nichts verloren gehet. Die Fässer mit rohen und weißen Zucker wiegen, wenn sie von Martinique kommen, 700 bis 800, kommen sie aber von E. Domingo, so beträgt ihr Gewicht 12 bis 1500.

Abhandlung von dem Ort, wo die Zuckerbottige hingestellet werden, und von der Arbeit, die daselbst vorgehet.

In der Niederlage, die eben beschrieben ist, oder wohl auch neben an, bauet man von Ständerwerk, das mit guten eichenen Brettern überzogen wird, vier Bottige für den rohen Zucker, und zwey für den Farinzucker. Diese Bottige sind Behältnisse, die ohngefähr zwölf Fuß ins Gevierte haben. Sie sind mit Brettern, die auf drey von ihren Seiten gerade stehen, ausgekleidet. Der Boden des Bottigs ist ebenfalls mit Brettern bezogen, und stellet eine erhöhete Stuffenleiter, von ohngefähr sechs Zoll über den Fußboden der Kammer, für. Der Vordertheil ist offen, aber nach Maßgabe, daß Zucker in den Bottig gethan wird, setzet man in einer horizontalen Stellung vorne Bretter an, wovon die beyden Enden in tiefe Falzen einschließen, die an dem Vordertheile der Säulen, die das Vordertheil der Scheidewände, die die Bottige abtheilen, ausmachen, angebracht sind. Also schließet sich das Vordertheil dieser Bottige als die mehresten Buden der Kaufleute, ausgenommen, daß die Bretter statt in der Länge angebracht, hier horizontal stehen müssen.

Die

Die Kunst des Zuckersiedens.

Die zweyte Tafel Figur 2. zeiget drey Bottige zu dem rohen und Farinzucker. Der mit A. bezeichnete Bottig ist fast voll, und mit Brettern fast bis oben verkleidet. Der andere mit B. bemerkt ist nur halb voll, und bis zur Hälfte seiner Höhe, mit Brettern versehen; und endlich der mit C. angewiesene Bottig ist fast gänzlich leer, und nur mit den zwey ersten Brettern verwahret.

Diese Bottige sind bestimmt, die verschiedenen Gattungen des rohen Zuckers in sich zu fassen. Sie werden in vier Classen unterschieden. Der eine heißt le deux, oder der zweyte, und hierein wird der feinste Zucker gethan, der von der ersten und besten Gattung ist; und wovon Hüte, die zwey Pfund wiegen, gemacht werden. Der andere wird le trois, der dritte genannt; daß heißt von dem Zucker, den er in sich fasset, werden Hüte von 3 Pfund schwer gemacht, der für die andere Gattung von guten Zucker geachtet wird. Der dritte Bottig nennet sich le quatre, ou le sept, der vierte oder siebente. Der darein geschüttete Farinzucker wird zu Hüten von eben diesem Gewichte verarbeitet.

Endlich in den vierten Bottig kommt der allerbraunste rohe Zucker, der sich auf dem Boden der Fässer, wo der Syrup sich mehr als an anderen Orten ansetzt, findet. Man nennet diesen groben Zucker (barboutte) Lumpen, weil davon große Hüte gemacht werden, die den Namen Lumpen führen, und die 50 bis 60 Pfund Gewicht haben; sobald sie vom Syrup gereiniget sind. Es giebt auch einige davon, die 70 und mehr Pfund wiegen. In der Folge wird man bemerken, daß diese großen Hüte, nachdem sie von allem Syrup wohl gereiniget sind, zur ersten Materie, den allerfeinsten Zucker zu machen, gebraucht werden.

Es ist nicht undienlich, daß man unterrichtet werde, daß die Benennungen von zwey, drey, vier und sieben, wovon eben geredet worden, in der Einbildung bestehen, und nur bloß dienen die verschiedenen Naturen des rohen Zuckers zu bezeichnen, denn weiter unten wird sich es finden, daß schöner Zucker und kleine Hüte von dem Farinzucker gemacht werden können, der in dem Bottig No. 4. geschüttet worden ist. Nur bloß den sogenannten Lumpenzucker kann man nicht, ohne ihn vorher zu schmelzen, tüchtig zum rafiniren machen.

Die Benennung der Hüte von klein und groß zwey, so wie auch die von drey, vier und sieben, hat nicht einmal das Verhältniß mit dem wahren Gewicht des rafinirten Zuckers. Denn der kleine zwey, wiegt von $2\frac{1}{3}$ bis $2\frac{3}{4}$ Pfund, der große zwey, 4 bis $4\frac{1}{4}$ Pfund, der drey ohngefähr $6\frac{1}{2}$ Pfund, der vierte 10 Pfund, und der siebente zwischen 16 und 18 Pfund.

In Ansehung des Farinzuckers, so hat man nicht in allen Rafinerien den Gebrauch denselben auszulesen; in diesem Fall kann man sich mit einem Bottig begnügen. In anderen Zuckersiedereyen, wo man den allerschönsten und weißesten Farinzucker aus Ursachen, die hernach erläutert werden sollen, zurückwirft, hat man zwey Bottige; wo denn der zweyte zu dem grauen Farinzucker gebraucht wird, oder der ein wenig Fett in sich hält.

Außerdem sind die Bottige, die man zu dem rohen und zu dem Farinzucker gebraucht, sich gänzlich ähnlich.

Die Fässer werden aus der Niederlage vor dem Bottig (Figur 3.) geholet (II Taf. Figur 1). Hier müssen sie auf eines ihrer Ende gestellet, und wie es gleich beschrieben werden soll, zerschlagen werden *).

Art und Weise die Fässer zu zerschlagen, und die Wahl der rohen Zucker anzustellen.

Wenn die Fässer gegen die Bottige über auf eines von ihren Enden gestellet sind, so sind verschiedene Arbeiter mit einer Art von Hackemesser (II Taf. Fig. 4), daß man ein Gartenmesser nennet; andere mit einer Kneipzange oder Nagelzieher (II Tafel Figur 17) beschäftiget, den Deckel, der mit Nägeln in den Falz des Fasses befestiget ist, loszumachen; hernach hacken sie mit dem Hackemesser (Figur 5) die Reife durch, die über das Obertheil des Fasses anschließen, bis auf zwey ausgenommen. Nachher stellen sie das Faß auf sein anderes Ende, und nehmen auf vorbeschriebene Weise den andern Deckel weg, hacken die Reife bis auf die beyden oben angemerkten Reife durch; wornach auch die Nägel, die sie befestigen, ausgezogen, und endlich werden auch diese bis dahin verschonten, nach der Oberfläche des Fasses zugehenden Reife, durchgehauen, und welche Oberfläche vorjetzo unten stehet. Alsobald erweitern sich alle Dauben durch die Last des Zuckers, der in einen Haufen fällt.

Diese nämlichen Arbeiter sammeln alsdann die Dauben Stück vor Stück auf, und kratzen sie mit der scharfen Seite der Hacke oder einer Mauerkelle ab, damit aller Zucker, so sich daran gesetzt haben könnte, (II Taf. Fig. 6) abgelöset werde; hernach werfen sie diese abgeschabten Dauben und alle Reife zurück; die hernach zum Anbrennen des Feuers unter den Pfannen oder Kesseln dienen werden.

Gleich nachher theilen andere Arbeiter, wie man einen davon (Figur 7) siehet, mit Schaufeln oder auch mit ihren Händen, die verschiedenen Gattungen des Zuckers, die sich in denen Fässern befinden. Ein einziges Faß enthält zuweilen von allen vorbeschriebenen Gattungen Zucker in sich. Vordem wurde dieses Auslesen mit vieler Sorgfalt vorgenommen; allein gegenwärtig siehet man nicht viel darauf. Die Arbeiter werfen mit ihren Schaufeln eine jede Gattung des rohen Zuckers in den Bottig, der dazu bestimmt ist; diese Handlung wird in den Rafinerien, die Wahl machen, oder den Zucker auswählen genannt.

Um dasjenige, so diesen Artickel betrifft, bestimmen zu können, so stelle man sich vor, daß jede Gattung des rohen oder Farinzuckers in den Bottig gebracht worden, und

daß

---

*) Die Fässer zerschlagen, ist der gewöhnliche Ausdruck in den Rafinnerien, so wie man auch gewohnt ist zu sagen, die Auslese machen, an- statt daß es heißen sollte, die verschiedenen Arten des rohen und Farinzuckers auszuwählen.

Die Kunst des Zuckersiedens.

daß man eine Zuckerreinigung vornehmen will. Der Zucker muß also nach der Pfanne gebracht werden; dieses zu bewerkstelligen, stellet man neben den Bottig einen Kloz (Fig. 10.) und über denselben eine Wanne H. (Fig. 9.) zwey Arbeiter werfen mit ihren Schaufeln rohen Zucker in die Wanne *) da mittlerweile die anderen nach und nach die volle Wanne (Fig. 11.) aufnehmen, und sie zur Pfanne hintragen.

An dem nämlichen Ort, wo die Wannen sind, oder ganz nahe dabey ist der Mörsel (Fig. 12.) worinnen der weiße Farinzucker zu Staub gestoßen wird, und das Sieb (Fig. 13.) wodurch derselbe gesiebet wird; dieses ist die Ursache, die Gelegenheit gegeben hat, diese Werkzeuge auf der 2ten Taf. vorzustellen; da aber dieser Puder- oder Staubzucker dienen soll, den Grund der Zuckerhüte auszumachen, so wird davon an dem Ort der bestimmt ist seinen Gebrauch zu beschreiben, und nicht hier davon geredet werden.

Beschreibung der Werkstatt, wo der Zucker gekocht und geläutert wird.

Um den Farin- und rohen Zucker zu den Pfannen hin zu schaffen, gebrauchet man eine Wanne (Fig. 9. 2te Taf.) die von weißen und leichten Holze gemacht, mit eisernen Bändern oder Reifen, und zwey Handgriffen, versehen ist, wobey zwey Männer dieselbe anfassen, und auf den Kloz stellen können; und wann sie durch die Arbeiter, die die Schaufeln in Händen haben, gefüllet ist, so stellet der eine von denen Trägern sich so, daß sein Rücken gegen der Wanne, der andere aber das Gesicht derselben zurichtet, und hernach, nachdem der Falz der Wanne ergriffen worden ist, wie man es bemerkt, diese gefüllte Wanne, den Kessel oder Pfanne zutragen.

Vor der Pfanne (IV. Taf. Fig. 1.) ist ein Brett gestellt worden, welches man collet nennet; dieses ist zirkelförmig an der einen Seite ausgeschnitten, damit es die Rundung des Kessels oder Pfanne umschließen könne, und von der anderen Seite ist dieses Brett viereckigt geschnitten. Der Gebrauch desselben ist die Wannen, die eine gewiße Schwere haben, zu verhindern, daß sie nicht die bleyerne Platte, die den Austritt vor den Kessel oder Pfanne bedecket, verderben. In einigen Rasinerien stellet man eine Erhöhung über das Collet, und die Arbeiter, die die gefüllten Wannen herbringen, setzen diese Wannen auf die Erhöhung, wornach sie auf Schemeln, wie c. gleichend, steigen, die Wanne aufheben, und den Zucker in die Pfanne schütten. Der Gebrauch dieser Erhöhung ist ganz und gar in vielen Rasinerien unbekannt. Die nämlichen Knechte, die den Zucker in die Wanne antragen, setzen sie auf die Collets von da sie die Wannen bis auf den Rand der Pfanne heben, und sie daselbst genau ansetzen und ausschütten. Auf diese Weise werden zwey Arbeiter erspart, die gleichsam zum

B 3 bloßen

*) Es ist eben so bequem, die Wanne vorher zu füllen, ehe sie auf den Kloz gestellet werden. Es verschüttet sich sogar weniger Zucker auf die-se Weise über den Rändern, und verhindert denjenigen Zucker, der etwa abgefallen seyn kann, unter die Füße zu vertreten.

bloßen Verluft auf die bleyerne Platte oder auf die Fußſchemel getreten ſind, um die Wannen abzuwarten und auszuſchütten. Es iſt daher vortheilhaft, daß die Pfannen in den Erdboden eingefuget ſind. Diejenigen, die zu erhöhet ſtehen, verurſachen, daß man eine Stuffenleiter beſteigen muß. Die Pfannen von der 3ten Tafel ſind niedrig genug, daß man die Stufenleiter entbehren kann, die hingegen nöthig iſt bey der Pfanne von der IV. Tafel.

Wenn mit rohen Zucker, der feine Syrup der von dem rafinirten Zucker abgeträufelt iſt, vermenget wird, ſo legt man auf der Pfanne (IV. Taf. Fig. 4.) die angefüllet werden ſoll, zwey Stück Holz die mit Querriegeln zuſammen geſuget ſind, (Fig. 5.) über der Oefnung, die über dieſer Pfanne iſt. Dieſe Stücke Holz werden die Träger genannt; und man ſtellet darauf ſechs Töpfe mit Syrup angefüllt, damit ſie Zeit haben ſich in der Pfanne, die bereits das nöthige Kalkwaſſer erhalten hat, abzuträufeln; vor allen Dingen wird das Kalkwaſſer in die Pfanne gethan. Dieſes Waſſer erfordert eine eigene Beſchreibung, allein vorher wird nöthig ſeyn, einen allgemeinen Abriſi von der Einrichtung der Werkſtatt, wo die Pfannen theils zum Dienſt des Zucker rafiniren, theils denſelben Zucker zu kochen, ſind, ſo wie ſie auf der 3ten Tafel vorgeſtellet worden, zu geben; die mit vielen Fleiß durch den Herrn des Friches gezeichnet, und der außer einen durchdringenden Verſtand vor die Zeichnungen, viele Kenntniß in der Kunſt, die hier abgehandelt wird, beſitzet.

Beſchreibung der Werkſtatt, wo die Pfannen befindlich.

In dieſer Werkſtatt (III. und IV. Taf. Fig. 6.) ſiehet man eine oder zwey große Kufen, die zum Gebrauch, das Kalkwaſſer zu machen, beſtimmt ſind: Zu dieſem Ende werden ſie Kalkkufen genannt. In einigen Zuckerſiedereyen ſind dieſe Kalkkufen eine Art von Becken aus Mauerwerk zuſammen geſetzt. Es würde eine große Bequemlichkeit daraus folgen, wenn dieſe Becken hoch genug wären, damit, wenn ſie bis auf den dritten Theil ihrer Höhe durchbohret würden, das Kalkwaſſer ſich durch eine Röhre in die Pfannen leiten ließe.

Da dieſe Werkſtatt derjenigen nahe ſeyn muß, wo die Zucker-Bottige befindlich, ſo ſiehet man auf der 3ten Tafel Fig. 11. die Thüre, die mit einer und der anderen Gemeinſchaft hat; und einen Knecht, der eine ledige Wanne zurück bringt; dieſe Thür iſt auch auf der 2ten Taf. Fig. 11. vorgeſtellet, wobey zwey Knechte ſind, die eine gefüllte Wanne tragen. Es iſt auch gut, wann nicht weit von dieſem Ort der Anfüllungs-Ort (Empli) iſt, welches zu verſtehen, der Ort iſt, wo die Formen mit Zucker angefüllet werden. Dieſen Anfüllungs-Ort ſiehet man auf der 3ten Tafel durch die Oefnung der Thüre Nro 13. In der Folge ſollen die Arbeiten darinnen beſchrieben werden.

In den Zuckerſiedereyen findet man vier Pfannen oder Keſſel von Kupfer, die mit vernieteten Nägeln zuſammen gefüget ſind. Der Boden dieſer Pfannen, der das einzige

Theil

Die Kunst des Zuckersiedens.

Theil ist, so dem Feuer zu widerstehen hat, muß aus einem sehr starken Stücke bestehen. Zwen von diesen Pfannen sind bestimmt den Zucker zu läutern, eine hingegen den geläuterten Zucker zu kochen. In verschiedenen Zuckersiedereyen hat man nur drey dieser Pfannen; in anderen hingegen eine vierte, die zum verbessern und den Zucker noch mehr zu läutern dienet; dieses will sagen, daß darinnen der Schaum besser zusammen gebracht wird; in Ermangelung dieser 4ten Pfanne wird der Schaum in einer von denen läuterungs-Pfannen gemacht, welches eigentlich der übliche Ausdruck bey denen Arbeitern ist.

Nro. 1. (3te Taf.) stellet eine Läuterungspfanne vor, die keinen Rand hat Nro. 2. ist eine andere dergleichen, die aber mit einem Rande versehen ist.

Hieben ist anzumerken, daß der perpendiculare Theil, den man hinten an der Pfanne Nro. 1. 3. 4. gewahr wird, von Kupfer sey, und daß er mit der Pfanne verbunden ist, wie solches auf der IV. Taf. Fig. 7. zu sehen ist. Der Raum der Pfannen wird fast doppelt vermehret, wenn man vorne einen eingefaßten Rand ansetzet, der von Kupferplatten auf eine eiserne Stange vernietet ist. Dieses nennet man die Einfassung oder den Rand, welcher sich mit der Pfanne durch Hülfe eiserner Klammern, die auf der IV. Taf. Fig. 8. zu sehen sind, vereinbahret. Diese Pfanne wird an Ort und Stelle stehend auf der IIten und IV. Taf. gesehen.

Es zeiget sich auch noch an dem Hintertheil der aufgestellten Pfanne eine Art von Oefnung oder Erweiterung, die die Gestalt eines Trichters hat: Da dieser Theil, der den Namen eines Glacis führet, dem Feuer nicht ausgesetzt ist, so ist er mit Bley ausgefüttert. Er dienet dazu, den geschmolzenen Zucker, der etwan verschüttet werden könnte, zurücke zu werfen, und den Schaum, der, wenn er sich zu sehr blähet, überlaufen würde, zurück zu halten; daher entstehet es, daß in vielen Rafinerien, über diesen Rand noch ein anderer gebracht wird (IV. Taf. Fig. 1.) der mit zwey eingebogenen Ecken versehen ist, die über das Glacis oder Erweiterung so mit Bley gefüttert, sich ausbreiten. In denen Zuckersiedereyen, wo dieser zweyte Rand nicht gebraucht wird, bedienet man sich eines leinenen Pfühls der mit Stroh ausgestopfet, und angefeuchtet ist (IV. Taf. Fig. 22.) der auf den ersten Rand aufgeleget wird, sobald man gewahr wird, daß der Schaum steiget, und in Begriff ist, über der Pfanne auszulaufen.

Ohngeachtet diese Ränder genau genug an einander schliessen, so füget man in die Fugen einige Lumpen von alter Leinewand, die abwehren, daß der Zucker nicht sickere oder rinne. Diese Lumpen heissen (loques) Flecken, nach dem Styl der Rafinerie. In den Pfannen 1 und 2 wird der Zucker geläutert.

Die Pfanne Nro. 3. dienet den Zucker besser auszutreiben, oder nach der Kunstsprache, den Schaum fallend zu machen, (faire les ecumes.) Es ist angeführt worden, daß in verschiedenen Zuckersiedereyen diese Pfanne fehlet; in diesem Fall wird der Schaum in einer der Läuterungs-Pfannen abgetrieben. Die Pfanne, worinnen der Schaum abgetrieben wird, ist besonders auf der III und IV Taf. Nro. 3. vorgestellet worden.

Die Nro. 4. der III und IV Taf. stellen die Pfanne zum Kochen vor. Hier wird kein Rand hinzugefügt. Bey dieser Pfanne siehet man einen Meisterknecht, der in der linken Hand einen Probestock hat, den er hernach in die rechte Hand nimmt, um zu versuchen, ob der Zucker den gehörigen Grad im Kochen erhalten hat.

Bey Nro. 5. III Taf. siehet man eine Pfanne, die nicht auf einem Ofen angebracht ist, allein, die wegen ihrer großen Tiefe in der Erde eingegraben, und in einem dauerhaften Mauerwerk eingefüget ist. Sie wird die Läuterungspfanne *) genannt, weil der zu läuternde Zucker darein gethan wird, bis daß er im Stande sey in der Pfanne, worinnen er gekocht wird, gebracht zu werden. Diese Pfanne ist besonders auf der IV Taf. Fig. 9. vorgestellet, damit man bemerken könne, wie man darinnen einen Korb anbringe, in welchem ein Tuch oder Filz ist, das dazu dienet, die Läuterung und Filtrirung des Zuckers vollkommen zu machen. Diese Pfanne wird mit einem Packtuche oder einem Deckel von Brettern zugehalten, damit der Staub der Kohlen nicht einfallen, und die Läuterung beschmutzen könne, wie es auf der IIIten Tafel Fig. 5. zu bemerken ist.

Alle diese Pfannen, ausbenommen die, die zum Läutern des Zuckers dienet, und die allein drey bis viermal so viel in sich faßt, als eine jede der übrigen, sind ohngefehr von gleicher Größe. Sie sind fast cylinderförmig, und haben ohngefähr vier Fuß und 4 Zoll inwendigen Diameters. Ihr Boden ist platt; sie wiegen ohngefähr 300 Pfund. Die Platten die den Rand ausmachen, haben ½ linien in der Dicke, der Boden hingegen ist zwey linien stark. So viel möglich ist, wird die Läuterungspfanne nahe bey der Pfanne, worinnen der Zucker gekocht werden soll, angelegt, damit man geschwinde und bequem die letztere anfüllen könne. Es sind dann und wann eine Art von Loch oder Graben gemacht, worinnen der geläuterte Zucker geschüttet wird, der von da, in der Pfanne zum Kochen, durch eine Röhre, die dahin führet, geleitet wird.

Die Erhöhungen (III und IV Taf.) die zwischen denen Pfannen sind, werden Kasten (coffres) genennet. Sie entstehen durch das Glacis oder Trichter von Bley, die an dem Hintertheile der Pfanne sind; und inwendig enthalten sie die Windlöcher, wovon in der Folge gehandelt werden wird. Auf einem dieser Kasten, zwischen denen Pfannen Nro. 2. und 3. III Taf. ist die Rinne angelegt, die den geläuterten Syrup in die Läuterungspfanne führet. Man schüttet mit einem großen Löffel, den man pacheux nennet, IV Taf. Fig. 13. den geläuterten Syrup in den Trog A. aus der Rinne IV Taf. Fig. 15. die den Dienst einer Röhre thut. Der geläuterte Zucker, der durch die Röhre B. der Rinne geleitet worden, ergießt sich durch seine eigene Abschüßigkeit auf den Filz der die Läuterungspfanne bedecket IV Taf. Fig. 9. Alle diese Geräthschaften siehet man in ihrer Lage auf der 3ten Tafel.

Die

---

*) Das Wort läutern, ist in denen Rafinerien gäng und gebe, und bedeutet mit einem Worte, den Syrup klar machen.

Die Kunst des Zuckersiedens.

Der Vordertheil der Pfannen und der Kuffen ist breit und glatt, e. e. IV Taf. oder eine Staffel, wovon das vordere Theil mit einer grossen ausgestopften Wurst versehen ist, die etwan drey Zoll in die Höhe tritt, und das Ganze ist mit einer blepernen Tafel überzogen, die sich ein wenig durch eine Rinne nach den Oefnungen f. f. IV. Taf. die zwischen denen Pfannen sind, neiget; auch alles dieses siehet man in der Perspektive auf der 3ten Taf. Diese Oefnungen, die Schalen (écuelles) genannt werden, sind mit Kupfer beschlagen, und Pauckenförmig, wie die Schalen der Conditer gestaltet. Diese Anordnung ist sehr wohl angebracht, um den Zucker der sich aufbläset, und der öfters genug über den Rand, wenn man den Zucker geläutert hat, austritt, annimmt; und selbst auch den geläuterten Zucker aufhält, so bald er über den Rand der zum Kochen desselben bestimmten Pfanne sich ergiessen will.

Bey g. IV. Taf. sind die Oefnungen zu den Aschenlöchern, und neben an siehet man die Thüren, wodurch die Kohlen unter die Pfannen gebracht werden, und die mit dem grossen Heitzungsort in Verbindung stehen. Auch noch diese Anstalten siehet man ganz deutlich auf der 3ten Taf. Nichts destoweniger soll diese Vorkehrung noch mehr angezeiget werden, wann die Beschreibung, wie die Pfannen auf den Ofen angebracht sind, nachfolgen wird.

Bey Nro. 9. IV. Taf. findet man einen Haufen von Steinkohlen, und einen Knecht der diese Kohlen mit einer gehälten Schaufel IV Taf. Fig. 16. aufnimmt, um sie unter den Ofen zu werfen. In dieser Werkstatt muß allemal ein grosser Haufen Steinkohlen vorräthig liegen; denn die Pfannen werden niemals mit Holz geheitzet.

Nro. 10. 3te Taf. ist ein Gefäße, worinnen Ochsenblut verwahret wird, das zur Läuterung des Zuckers dienet. Zuweilen wird dieses Gefäße, wenn es angefüllet ist, ausser obengedachter Werkstatt hingestellet; denn der Geruch des Blutes ist dann und wann sehr eckelhaft.

Der Rauch der Feuerstellen verfliegt durch die mit 1, 1. gezeichneten Schorsteine IV Taf. Aus denen Pfannen hingegen entwischet eine so grosse Ausdünstung, daß, wenn die Luft dicke, und das Feuer unter allen vier Pfannen angebrannt, man kaum zu sehen vermögend ist; dieserhalb ist kein Deckel über die Pfannen angebracht; auch werden über das Dach selbst Kapfenster die gebogen sind, aufgerichtet, wie man sie bey Nro. 12. auf der 3ten Taf. siehet, die bestimmt sind die Zertheilung der vorerwehnten Ausdünstung zu befördern.

Nro. 18. auf der 3ten und IV Taf. sind eine Art Krücken, wie diejenigen, wovon die Maurer den Mörtel umzukehren, Gebrauch machen; hievon sind verschiedene Gattungen. Alle werden den Kalk in den Kasten umzurühren gebraucht. Sie werden mouvechaux oder Kalkrührer genannt. Nro. 14. auf der 3ten Taf. stellet die Thür der Darre vor.

Gegenwärtig, da man einen gesammten Begriff von der Lage der verschiedenen Gerätschaften die zur Halle der Pfannen gehören, erlangt hat, so ist es Zeit in einige umständli-

C

ständlichere Beschreibungen sich einzulassen; es wird demnach bey der Anordnung, wie die Pfannen auf ihre Feuerstätte gestellet werden, der Anfang gemacht.

Art und Weise die Pfannen aufzustellen.

Es zeigen sich bey h, auf der 3ten und IV Taf. die Thüren, durch welche das Feuer unter die Pfannen gebracht wird, und bey g, ein Bogengewölbe das zum Aschenloche hinführet. Da die Pfannen der Gewalt des Feuers nur auf ihren Boden zu widerstehen haben, so muß man sich vorstellen, daß sie in einen massiven Mauerwerk eingestellet sind, wie bey A. auf der 5ten Taf. Fig. 3. wahrzunehmen ist. B. stellet den Heitzungs Ort vor, in welchem die durch die Thüre c. eingeworfene Steinkohlen brennen.

Es ist bekannt, daß die Steinkohlen nicht brennen, wann ein beständiger Zug der Luft sie nicht unterhält. Dieserhalb werden sie auf einen eisernen Rost geworfen, worunter ein großes Aschenloch von 5 Fuß tief angebracht ist D. Fig. 3. welches die äusserliche Luft durch einen Gang E. F. V Taf. Fig. 1. auffängt, und der an dem Bogengewölbe g IV Taf. anstößt. Um die Anordnung dieser Gänge sich deutlich vorzustellen, müssen die Bretter Nro. 9. auf der IV Taf. aufgenommen werden, die gegen denen Bogengewölbern, wovon nur kürzlich geredet worden, über sind; alsobald werden sich Vertiefungen zeigen E. V Taf. Fig. 1. durch welche man mit Hülfe einer Leiter steiget, um die Gänge f zu beobachten, da man denn gewahr wird, daß sie mit dem Aschenloche D, das unter dem Heitzungs-Ort B. Fig. 3. angebracht ist, in Gemeinschaft sind. Es geschiehet auch wirklich, daß man in die Vertiefungen E. einsteiget, und mit einem Haken oder Dseukrücke, die in dem Aschenloche D, V Taf. 1 und 3 Figur sich gesammlete Asche ausziehet, und durch die Gänge F, die 18 bis 19 Zoll Breite, und zwey Fuß Höhe haben, in die Vertiefung E. bringet. Es ist zu bemerken, daß die Gänge E. F. eine große Menge von Luft zuführen, die das auf den Rost B. Fig. 2 und 3 gelegte Feuer heftig anbläset.

Alle Gänge F. sind mit Ziegel gewölbt. Die Vertiefungen E, die ohngefehr drey Fuß breit, und fünf Fuß tief sind, hingegen werden mit Bretter bedeckt, wie sich dieses auf der IV Taf. zeiget; oder um das die Luft noch freyer durchstreichen kann, belegt man diese Gänge mit einem Rost. Findet es sich, daß das Feuer nicht mit hinlänglicher Gewalt brennet, so muß der Luft durch das Aschenloch Raum gemacht werden; und um dieses zu bewürken, werden die Stäbe die den Rost des Heitzungs-Ortes B. ausmachen, mit einem eisernen Haken IV Taf. Fig. 17. gereiniget, und frey gemacht. Die Stäbe des obenangeführten Rostes sind $3\frac{1}{2}$ Zoll dicke.

Um den Ofen oder den Heitzungs-Ort zu vollenden, bleibt nichts übrig, als dem Rauch immer freyen Weg zu bahnen. Zu diesem Behuf werden in den Grund des Mauerwerks umlaufende Röhren G. V Taf. Fig. 2. angebracht, die einen Fuß Höhe und 6 Zoll Breite haben müssen, und die Windlöcher oder Luftlöcher genannt werden. Sie gehen von dem Heitzungs-Ort B. V Taf. Fig. 2. aus, und stoßen an benen Schorsteinen H. an, die

die 28 Zoll Breite, und 18 Zoll Dicke haben. An jedem Ofen sind drey solcher Zuglöcher; und an gewißen Oertern gehen sie eines über das andere G. Fig. 3. und 4.

Endlich werden die dusserlichen Oefnungen 3 und 4te Tafel, die 18 bis 20 Zoll im Umkreis haben, und die mit tüchtigen eisernen Stangen versehen sind, durch Thüren, von Eisenblech zugehalten.

Die Einrichtung die wir zum Beyspiel gegeben haben, dienet zu drey Oefen. Der mittelste davon erhält zwey Gänge, und seine Windlöcher stoßen an zwey Schornsteine. Wenn aber vier Pfannen vorräthig sind, so empfängt jeder Heitzungs-Ort die Luft nur durch einen Gang, welches eine kleine Veränderung in der Zusammensetzung der Oefen zuwege bringet, die leicht zu beurtheilen ist.

Beschreibung der Kalkkasten und der Arbeit die damit in Verhältniß stehet.

Das Kalkwasser ist eine scharfe und alkalinische Substanz, die viele Gemeinschaft mit fetten oder klebrigten Materien hat, womit sie eine seifenartige Substanz ausmacht; aus diesem Grunde wird es sehr häufig in der Chymie gebraucht, um den gereinigten Saft der Pflanzen von aller Fettigkeit loß zu machen, sobald daraus das vornehmste Salz gezogen werden soll. Es ist auch in dieser Absicht, um nämlich dem geschmolzenen Zucker das Fett abzunehmen, und alles was am schmierigsten und unreinsten ist zu entfernen, auch um die Scheidung der Körner von dem Syrup zu erleichtern, daß die Zuckersiedereyen vieles davon gebrauchen. Eine von seinen Eigenschaften ist den Schaum dicker zu machen, der ohne dieses Mittel weit leichter erscheinet, so daß er behende durch die Schaumkelle fließt; da im Gegentheil durch Hülfe des Kalkwassers, der Schaum viel dicker und abgesonderter entstehet, so daß die Schaumkelle denselben leichter und besser auffangen kann. Die allervornehmste Eigenschaft des Kalkwassers ist jedoch diese, den geläuterten Syrup weniger ölicht und faserichter oder klebrigter zu machen, und ihm dadurch, sobald er gekocht und geläutert ist, die Fertigkeit zu verschaffen, sein Korn leichter geben zu können. Ohne dieses Wasser würden viele selbst weiß genug seyende Materien, in den Füllungs-Pfannen und in den Formen, bloß einen dicken Teig, der voller feiner Körner, und sehr weich seyn würde, zuwege bringen, wovon der Syrup mit vieler Mühe abzutreiben seyn würde.

Auf folgende Art wird das Kalkwasser zuwege gebracht: Unter den Hahn des Behältnisses (III und IV Taf. Fig. 6.) oder nahe an diesem Behältnisse, wird eine große Kufe von Eichenholz, und mit eisernen Reifen versehen, aufgestellt; gemeiniglich wird ihr 9 Fuß Tiefe und 6 Fuß inwendigen Diameters gegeben. (Siehe unten auf der IV Taf. Fig. 6.) Sechs Fuß tief wird sie in die Erde gegraben, worinnen eine Einfassung von Mauerwerk sieben bis 8 Fuß stark, angebracht ist; wornach sie den Erdboden drey oder 4 Fuß übertritt. In dieser Kufe, die der Kalkkasten (bac à chaux) genannt, wird ohngefehr sechzig Maaß (Poinçons) Waſſer, und zwölf Maaß (Mines) lebendigen Kalk eingeſchüttet. Das Waſſer und der Kalk wird mit der Krücke (III und IV Taf. Fig. 18.) umgerühret und durcheinander gearbeitet. Die Krücke iſt dann und wann eine Art von den Krücken die die Maurer gebrauchen, um ihren Mörtel zu machen. Alle Abend wird das eingeſchüttete Waſſer und der Kalk umgerühret, damit während der darauf folgenden Nacht das Waſſer ſich klar machen könne; denn alles Waſſer ſo in die Pfannen geſchüttet wird, muß klar und nicht trübe ſeyn. Dieſerhalb geſchiehet es, daß, wenn große Arbeiten vorgenommen werden ſollen, außer den großen Kalkkaſten (III Taf. Nro. 6.) ein kleinerer Nro. 7. angeſchaft wird, der über dem großen auf der III Tafel zu ſehen iſt; dieſer wird mit klaren Kalkwaſſer angefüllt, ehe in den großen Kaſten friſcher Kalk und friſches Waſſer eingeſchüttet wird. Man kann ohngefehr die Rechnung machen, daß um eine Pfanne mit Zucker zu läutern, ein Maaß (Mine) Kalk erfordert werde.

Dann und wann wird der große Kalkkaſten geleeret, und der auf dem Boden ſich geſammlete Kalk, wird in ein Loch ſo auf dem Hofe befindlich, geworfen. Er kann zum Mörtel den die Maurer gebrauchen, dienen, obwohl behauptet werden will, daß der gelöſchte Kalk hiezu nicht ſo gut, als der ungelöſchte iſt.

Ich habe ſchon erwehnt, daß in denen kürzlich aufgerichteten Zuckerſiedereyen der Kalkkaſten von Mauerwerk errichtet worden; und wenn es möglich geweſen, denſelben höher als die Pfannen anzubringen, wie das Behältniß A. IV. Taf. ſeyn würde, ſo kann man das Kalkwaſſer in die Pfannen durch Röhren leiten, welches viele Arbeiter erſparet. Allein das Waſſer muß nicht tiefer als bis auf den dritten Theil der Höhe des Behältniſſes abgelaſſen werden, damit es klar bleibe, und ſich keine Erdentheile mit einmiſchen. Auch einigemal hat man ſich einer Pumpe bedienet, daß Waſſer aus dem zu niedrig angelegten Kalkkaſten in die Höhe zu bringen, allein hiebey iſt wahrzunehmen, daß das Untertheil dieſer Pumpe nicht weiter, als bis zur Hälfte der Tiefe des Behältniſſes einreiche; außerdem das Waſſer gewiß trübe und dicke gemacht werden würde.

Wie man die Pfannen anfüllet.

Es iſt zum voraus zu ſetzen, daß der Hals, (Collet) oder das ausgeſchnittene Brett a. IV. Taf. Fig. 1. gegen der Pfannen über angebracht worden iſt, die man anfüllen will. Auf beyden Seiten der Mündung des Ofens werden Fußſchemel, die ſo geſtaltet ſind, als bey c. *) hingeſtellt. Zwey Knechte treten auf dieſe Fußſchemel, um das Kalkwaſſer in die Pfanne zu ſchütten, da mittlerweile die übrigen das Kalkwaſſer in den kleinen Wannen Fig. 23. bringen, die ſie bey ihren Henkeln anfaſſen, wie es auf der IV. Taf. Fig. 24. zu ſehen iſt. Nach Maßgabe, daß dieſe ankommen, ſetzen ſie ihre gefüllten Wannen auf den Klotz a. und die beyden auf den Fußſchemeln ſtehende Knechte,

gießen

---

*) Wenn die Pfannen niedrig ſind, braucht man keine Fußſchemel.

Die Kunst des Zuckersiedens.

gießen das Wasser in die Pfanne, die mit ihren ersten Rand bloß allein umgeben ist, und wie es die 2 Figur nachweiset. Der zweyte Rand Figur 1. wird erst alsdenn umgelegt, wenn der Schaum in die Höhe steiget.

Auf diese Weise wird die Pfanne mit Kalkwasser bis in der Gegend des dritten Theils ihrer Höhe angefüllt, oder auch wohl bis auf 6 Zoll unter ihren Rand; worinnen aber der angelegte Bord nicht zu verstehen ist; denn es wird ohngefähr fast das nämliche Gewicht von Kalkwasser als von rohen Zucker erfordert.

Nach dieser Vorkehrung wird der Farin- oder rohe Zucker in die mit Henkel versehenen kleinen Wannen, durch zwey Männer getragen, (II Tafel Fig. 11) angebracht, womit denn die Pfanne beynahe bis über den Rand angefüllet wird. Bey dieser Handlung müssen die beyden Knechte, die die Wanne hergebracht haben, sie auf den Kloß stellen, und selbst auf die Fußschemel treten, auch den Farinzucker in das Kalkwasser schütten, wobey sie den Zucker sehr hoch einschütten müssen, nicht allein, damit der Zucker sich mit dem Kalkwasser vereinige; sondern auch um den Rand der Pfanne nicht zu beschädigen, wie es leicht geschehen kann, wenn die Wannen darauf gesetzet werden.

Wenn feiner Syrup vorhanden ist, der sich wieder mit dem Zucker vereinigen soll, so stellet man auf einer Pfanne, (zum Beyspiel Fig. 4. IV Taf.) den Träger (Fig. 5) und man kehret darauf die angefüllten Töpfe mit Syrup um, wie es bey der Pfanne der 4ten Fig. zu sehen ist, woran der Rand fehlet, um desto besser die Stellung des Trägers und der Töpfe, die sich austräufeln, bemerken zu können.

Einige Meisterknechte thun zugleich Blut und rohen Zucker in die Pfanne, und lassen das Blut mit dem Zucker sieden, ehe und bevor sie Kalkwasser hinzuschütten. Ich enthalte mich diesen Gebrauch zu widerlegen, der durch vieler Erfahrung gerechtfertiget seyn soll; allein ich kann nicht umhin zu gestehen, daß es zuträglicher zu seyn scheinet, das Blut nicht eher in die Pfanne zu thun, bis daß sie zu kochen angefangen, denn wenn das Blut sodann erst hinzu gethan wird, so hat das Kalkwasser mit den fetten Theilen des Syrups, klebrichte Theilgen zuwege gebracht, und das Blut, welches in dieses heiße Bad eingeschüttet wird, wird gekocht und macht eine Kruste, die alle die klebrichten Theile versammlet, und sie zum Schaum in die Oberfläche treibt, welches eine vollkommne Läuterung verursachet; da im Gegentheil, wenn man das Blut vorher, ehe das Kalkwasser eingeschüttet worden, hinein thut, und der Kalk zu gleicher Zeit auf das Fett des Zuckers und des Blutes wirket, so wird seine Gewalt über das harzigte Theil des Syrups vermindert. Außerdem gestehe ich, daß man, um dieser Theorie Glauben beyzumessen, dieselbe durch die Erfahrung bestärken müsse; und ich habe schon gesagt, daß es einige Zuckersieder giebt, die sich in der Erfahrung hinlänglich gewiegt zu seyn glauben, hierbey verschiedentlich zu denken: inzwischen kann ich ohne Schwierigkeit voraus setzen, daß man das Blut nicht von Anfang zu dem Kalkwasser hinzufügt. Und in dieser Voraussetzung will ich die Arbeit des Zuckersieders beschreiben, und anzeigen, wie die Läuterung des Zuckers vorgenommen werden muß.

Die Kunst des Zuckersiedens.
Beschreibung den Zucker zu läutern.

Unterdessen, daß die Töpfe voll Syrup abträufeln, wird klein Holz im Ofen gelegt: dieses Holz bestehet dann und wann aus denen Reifen und Tauben der Zuckerfässer. Nachdem dieses Holz angebrannt ist, wirft man Steinkohlen auf dasselbe, damit ein gutes Feuer unter der Pfanne entstehe; und dieses wird während einer Stunde oder anderthalb Stunde wiederholet, oder vielmehr, bis daß der Zucker zu steigen anfängt.

Während der ersten halben Stunde wird der Zucker unaufhörlich umgerühret, damit der rohe Zucker schmelze und man verhindere, daß, indem er fällt, und sich an dem Boden der Pfanne ansetzt, dieser Zucker nicht verbrenne. Um also den Zucker *) auf diese Weise umzurühren, bedienet man sich einer großen hölzernen Spatel, (IV Tafel Figur 12) die beynahe die Gestalt eines Ruders hat, und welche der (Mouveron) Umrührer genennet wird. Sie ist ohngefähr acht Fuß lang, und ihr breiter Theil hat 6 Zoll Breite.

Wenn die Pfanne anfängt sich zu erhitzen, und wenn daß Blut nicht gleich mit dem Kalkwasser eingeschüttet worden, so gießet man, und zwar sehr hoch, einen kleinen Eymer voll Ochsenblut hinzu, wobey immer die Spatel ihren Dienst thun muß.

Man höret auf mit der Spatel zu rühren, und der Syrup steiget in die Höhe, das heißt, daß von dem Grunde der Pfanne einige Dünste verursacht werden, die dann und wann eine schütternde Bewegung blicken lassen; sodann wird der zweyte hölzerne Rand umgeleget, (IV Taf. Fig. 1) der erste ist vorher, ehe die Pfanne voll gemacht worden, angebracht, wie es sich bey der 2ten Figur zeiget. Wenn also der zweyte Rand umgeleget wird, so ist die Pfanne beynahe bis am Brette des ersten Randes voll. Durch den zweyten Rand wird sie also um so viel höher gemacht; welches dazu dienet, daß das Aufwallen nicht über diese Pfanne treten möge, und sich über der Staffel ergieße.

Wenn der zweyte Rand um die Pfanne gelegt worden, und wenn man gewahr wird, daß der Zucker beynahe zu seinem ersten Aufwallen gelangt, so wird das Feuer vermindert, und zu diesem Ende nach eines der Luftlöcher hingestoßen, und darüber nasse Kohlen mit der hohlen Schaufel (IV Taf. Fig. 16) geworfen; und im Nothfall selbst Wasser darauf gegossen, das man in den großen Löffel (Fig. 13) schöpfet. Es ist nothwendig, daß das Feuer sehr gedämpfet werde, damit der Zucker nur bloß erschüttert werde; würde man denselben in vollen Aufwallen kochen lassen, so würde der Schaum sich mit dem Zucker vermischen, und die Läuterung ins Stecken gerathen; oder allerwenigstens entstände daraus, daß der Schaum mit vieler Mühe von dem Zucker abzuführen wäre.

Es

---

*) In den Zuckersiedereyen wird Zucker, derjenige dünne und flüßige Körper, genannt, der das Korn enthält, und der wirklich ein Syrup ist, weil Syrup nichts anders als in Wasser geschmolzener Zucker ist. Den Ausdruck vom Syrup aber hat man der flüßigen Materie, die aus den Körnern hervorquillt, aufbehalten.

Die Kunst des Zuckersiedens.

Es muß auch sonst das wenige zurückgebliebene Feuer auf einer Seite der Pfanne angebracht seyn, damit die kleine Aufwallung, die hier entstehen wird, den Schaum nach der entgegenstehenden Seite hintreibe, wo er sich versammlet, bis daß er noch höher als der zweyte Rand an der Pfanne aufsteige.

Der Schaum muß also steigen, und wenn er hoch genug gekommen ist, so wird das Feuer gänzlich gelöschet, welches vermittelst des mit Wasser gefüllten großen Löffels geschiehet. Um sich in diesem Fall gleich rathen zu können, sind neben den Pfannen Kübel mit Wasser angefüllt, hingestellt. Einen hievon findet man auf der 3ten Tafel neben dem kleinen Kalkfasse vorgestellt, und es befindet sich ein großer Schöpflöffel darinnen.

Wenn das Feuer ausgelöscht ist, so sinket der Schaum, wird dünner und ziehet sich mehr zusammen, oder wenn ich die Kunstsprache reden will, er vertrocknet; welches alles eine gute Viertelstunde Zeit wegnimmt. Wenn alsdenn die Pfanne erhöht angebracht ist, so nähert man einen Fußschemel, der wie c. (IV Tafel) gebildet ist, wodurch denn der Knecht erhöhet und im Stande gesetzet wird, den Schaum mit einer großen kupfernen Schaumkelle (Fig. 14) abzuschöpfen. Dieses Instrument wird mit beyden Händen gehandhabet, und erfordert eine hinlängliche Vorsicht, damit der Schaum nicht im Abschöpfen mit dem Zucker wiederum vereiniget werde. Die Schaumkelle wird leise unter der Lage des Schaums gebracht, hernach aufgehoben, und mit dem darinnen aufgefangenen Schaum in eine kleine Wanne gebracht, die gegen der Pfanne über stehet (IV Taf. Fig. 2). Diese Wanne K ist so auf der Staffel gegen der Pfanne über hingestellt, wie es die Figur zeiget. Der Stiel der Schaumkelle wird auf einen der beyden Henkel gestützt; und nachdem sie auf der scharfen Seite umgekehret worden, lässet man dieselbe einige Zeit in dieser Stellung, damit sie in der Wanne austräufeln könne. Vor der Pfanne Nó. 2. wird man einen Knecht in der Stellung finden, die er zum Abschaumen des Zuckers behaupten muß. Dieser wird mit Fleiß alle Theilchen des Schaumes auffischen, und sogar mit seiner Schaumkelle denjenigen Schaum abkratzen, der sich an der Pfanne über der Horizontallinie des Zuckers gesetzet hat, und er wirft alles in die Wanne, welche ein Knecht in der Stellung, die auf der 4ten Tafel Figur 24 vorgestellet ist, zu einer auf Walzen stehenden Pfanne hinträgt, um daraus den feinen Syrup zu ziehen, wenn man eine gewisse Menge davon gesammlet hat. Hiervon wird die Beschreibung folgen. In denen Zuckersiedereyen, wo vier aufgemauerte Pfannen sind, wird gleich der Schaum in eine dieser Pfannen getragen, worinnen er gleich geläutert wird. Diese Handlung soll in den nachfolgenden Blättern beschrieben werden. Ich komme wiederum zu dem Syrup, den man zu läutern angefangen hat.

Nachdem der Schaum zum erstenmale abgeschöpfet worden, untersucht der Knecht, ob die Läuterung tüchtig und gut gerathen sey. Dieses zu wissen, stürzet er seine Schaumkelle in die Pfanne, ziehet sie wieder heraus, und läßt sie einen Augenblick kalt werden, wenn er sie flach hält. Nachher drehet er sie auf die scharfe Seite, und untersucht, ob der Fall des flüßigen Zuckers, der aus der Schaumkelle fällt, tüchtig klar geworden;

wenn

wenn man diesen Zucker gegen das Tageslicht hält, so dürfen so wenig Theilchen von Schaum, als gewölkte Spuren darinnen zu sehen seyn.

Der Zucker ist niemals nach der ersten Abschöpfung des Schaumes klar genug. Die Läuterung wird vollbracht, wenn man abermals etwas Kalkwasser und Ochsenblut in die Pfanne schüttet. Es muß aber sehr hoch eingeschüttet werden, und beydes das Wasser und das Blut vorher in eine kleine Wanne zusammen gegossen seyn. Dieses wird eine Decke geben (donner une couverture) genannt. Wenn diese Vermischung zu dem Zucker geschüttet worden, so gebraucht man wiederum die Spatel, und brennet das Feuer ein wenig auf der einen Seite an, damit ein neuer Schaum in die Höhe steigen könne, der wie der erste trocken werden muß, und hernach eben so wie bereits beschrieben worden, abgefüllt wird. Diese Handlung wird so lange wiederholet, bis daß der Fall des flüßigen Zuckers, der aus der Schaumkelle fließt, sehr durchsichtig geworden ist. Auch wird in einen kleinen Eßlöffel, der sehr rein seyn muß, von diesem geläuterten Syrup etwas genommen, und sodann, wenn er hinlänglich geläutert ist, muß sich der Boden des Löffels durch den Syrup so deutlich zeigen, als wenn nichts darinnen aufbehalten worden wäre.

Ich habe Knechte gesehen, die ihre Läuterung damit beschlossen, wenn sie in den Zucker einen oder zwey Eymer mit Kalkwasser ohne Vermischung des Ochsenblutes eingeschüttet hatten. Sie zündeten sodann das Feuer wieder an, und nachher verminderten sie dasselbe, um einen leichten Schaum zuwege zu bringen, der wie der vorige abgeschaumt wird, und wenn sie einige Theilchen von Schaum, die zwischen dem Syrup fliessen, gewahr werden; so zünden sie das Feuer stärker an, damit diese Theilchen über die Oberfläche des Zuckers in die Höhe steigen können. Jedesmal aber hören sie auf das Feuer zu vermindern, damit der Schaum ruhig und gemächlich entstehen und sich zusammen ziehen könne.

Wenn der flüßige Zucker genung geläutert ist, so nimmt man die kupferne Schale oder Kübel, worunter unten an der einen Seite eine Röhre angebracht ist, die man lang genug machen kann, um aus der Läuterungspfanne den Zucker in die Pfanne, worinnen er gekocht wird, zu führen. Diese Schale wird la Dalle genannt (IV Taf. Fig. 15). Diese wird auf einen der Kasten gestellet, die zwischen denen Pfannen sind, wie es auf der 3ten Tafel zwischen denen Pfannen 2 und 3 zu sehen ist; und die Röhre wird sodann an der Pfanne angebracht, die die Läuterungspfanne genannt wird No. 5. Es ist leicht zu begreifen, daß wenn der geläuterte Syrup mit dem großen Löffel in diese Schale eingeschüttet wird, daß er sodann durch die Röhre in die Läuterungspfanne einfließe. Diese Läuterungspfanne hat gemeiniglich sechs Fuß im Diameter, und sechs Fuß Tiefe. Um aber alle Unreinigkeit von der Läuterung aufzuhalten, errichtet man über dieser Pfanne zwey eiserne Stangen, die in ihrer ganzen Länge über dieselbe gehen, und die einen großen von Weydenruthen geflochtenen Korb, der ein Durchzugskorb, (panier à passer) genennet wird, tragen. Dieser Korb wird mit Filz ausgefüttert, wodurch der geläuterte Syrup,

Syrup, der aus der kupfernen Schale läuft, sich filtriret, und darinnen den Sand und übrige kleine Unreinigkeiten, die der Aufmerksamkeit des Knechtes entgangen seyn können, zurück lässet. Die Anordnung des Korbs und des Filzes über der Läuterungspfanne kann auf der IV Taf. Fig. 10 beobachtet werden.

Der Filz ist ein Stück weißes Tuch, das tüchtig gewalkt und tüchtig wollig ist. Nach und nach wird dieses Tuch so unrein, daß der Zucker nicht mehr durchziehen kann. In diesem Fall muß ein anderes zur Hand genommen werden, nachdem vorher von dem schmuzigen Filz mit einem Löffel alle kleine Theilchen von Schaum, die durch denselben aufgehalten sind, abgenommen worden. Diese aus Schaum bestehende Substanz wird in die zum Schaum bestimmte Pfanne geworfen.

In einigen Zuckersiedereyen hat man verschiedene Stücken Tuch, die so groß, als es nöthig ist den Korb zu bedecken, geschnitten sind, und es wird immer ein Stück nach dem anderen gebraucht. In anderen Rafinerien bedienet man sich eines großen Stück Tuchs, das ⅓ Breite und 12 bis 15 Klafter Länge hat. Dieses Tuch wird dergestalt ausgelegt, daß es immer weiter vorwärts gezogen werden kann, wie es die 10 Fig. auf der IV Taf. anzeigt. Wenn nun ein Theil desselben schmuzig geworden ist, so ziehet man dasselbe nach a, sodann erhält der Korb ein neues Stück. In dem einen und anderen Fall tritt der Rand des Tuches über die äußeren Theile des Korbes, die mit einigen eisernen Klammern c. fest gemacht werden. Gemeiniglich nachdem der Filz unsauber geworden, lässet man diesen schmuzigen Theil in die neben der Läuterungspfanne gestellte und mit Rollen versehene Pfanne fallen, die mit Wasser angefüllet ist, um den Filz von seinen angenommenen Schmuz zu reinigen. Um den Filz dauerhaft zu machen, wird derselbe mit einen Rand von grober Leinewand, der 8 bis 9 Zoll breit seyn muß, eingefaßt.

Der eingeschmuzte Filz wird in einem Fluß abgespült und ausgewaschen; wornach man denselben auf einem Gang der Zuckersiederey aushängt, woselbst er so lange bleibt, bis die Nothdurft es erfordert, denselben anderweitig zu gebrauchen. Er muß aber je trocken geworden seyn; denn der Zucker bringet nicht gut durch einen nassen Filz.

Ohngeachtet daß die Schärfe des Kalkwassers durch das Fett des Ochsenblutes und durch den Zucker selbst, vermindert worden, so leidet nichts destoweniger der Filz, und wird sowohl hierdurch, als auch durch die Hitze des Zuckers verdorben. Noch mehr aber geschiehet es, wenn er lange in der Pfanne, worinnen derselbe, wie eben oben gesagt worden, geworfen wird, liegen bleibt. Denn das mit versauerten Zucker belastete Wasser, wird scharf und verdirbt den Filz in einem solchem Grad, daß er kaum weiter zu gebrauchen ist. Diese verschiedenen Gründe verursachen, daß öfters ein neuer angeschaft werden muß. Da er allemal in der Mitte mehr als an dem Rand verdorben wird, so könnte man denselben in zwey Stücke schneiden, und beyde Enden zusammen nähen, die sodann die Mitte ausmachen würden. In diesem Zustande würde er noch eine Zeit-

D

lang

lang zu gebrauchen seyn. Ein Filz, der alle Wolle verloren hat, wird niemals zum Filtriren taugen.

Wenn der geläuterte Zucker filtriret worden, so ist noch übrig denselben abzukochen. Zu diesem Ende wird der Zucker in die mit No. 4 bezeichnete Pfanne (3te Tafel) gebracht. Dieses kann leicht und geschwinde vermittelst des großen Löffels geschehen, wenn die Läuterungspfanne (No. 5) ganz nahe bey der zum Kochen bestimmten Pfanne (No. 4. 3te Tafel) angebracht ist. Der Raum erlaubet indeß nicht allemal den Gebrauch dieser Bequemlichkeit; und in diesem Fall sind beyde Pfannen von einander abgesondert, wie es auf der IV Taf. Fig. 10 und 16 zu sehen ist. Diese letzte Figur stellet einen perpendicularen Durchschnitt der Läuterungspfanne vor. Wenn, wie gesagt, die beyden Pfannen nicht nahe an einander gebracht worden sind, so muß der geläuterte Zucker weit genug von einer zur anderen Pfanne gebracht werden. Um dabey keinen Zucker zu verschütten, wird neben der Läuterungspfanne eine Art von Bock A, der Stuhl (chaise) genannt wird, hingesetzt. Dieser Stuhl ist mit einer Bleyplatte versehen, wovon ein Theil auf dem Rücken des Stuhls aufsteigt und in die Pfanne zurückfällt. In der Mitte des Sitzes an diesem Stuhl ist ein Loch, worunter man einen Syruptopf setzet, der allen Zucker, der verschüttet wird, auffänge. Auf diesen Stuhl oder Bock werden die kupfernen, oval gemachten, und vorne mit einer Schnepfe versehenen Becken C gestellt, die der Knecht durch Hülfe eines Eymers voll macht, und damit wie folgt, verfähret.

Bey N, auf der IV Taf. Fig. 10 wird man einen Eymer wahrnehmen, der an seinem Handgriffe auf einen Haken aufgehänget und unter dem Korb, wodurch filtriret wird, angebracht ist. Der Knecht nimmt diesen Eymer, um den geläuterten Zucker damit auszuschöpfen, und die Becken damit anzufüllen. Wenn nun die Läuterungspfanne auf diese Weise halb leer worden; so findet der Knecht Hinderniß weiter fortzufahren, weil die Pfanne zu tief ausfällt. Sodann befestiget er an dem Handgriffe des Eymers einen Haken D. Figur 16. Vermöge dieses Hakens kann er fortfahren, mehr Zucker auszuschöpfen. Nach einiger Zeit ziehet er den Haken besser in die Höhe, und hält denselben durch einen anderen Haken auf, der sich daran klammert; vermöge dieser Vorkehrung kann man den Eymer mit den Händen ergreifen. Es geschiehet also mit der linken Hand, daß der geläuterte Zucker in das Becken gegossen wird, welches Becken ein Knecht vor sich nimmt, wie die IV Taf. Fig. 25 zeiget, und dieses gefüllte Becken in die zum Kochen angelegten Pfannen ausgießet.

Betrachtung über die Art und Weise den Zucker zu läutern.

Es giebt überhaupt dreyerley Arten eine flüßige Materie, sie sey von welcher Gattung sie wolle, zu läutern. Man kann durch Niederschlagen, durch Filtriren und durch

Die Kunst des Zuckersiedens.

durch das Aufwallen, läutern. Man merke wohl, daß ich hier von der allgemeinen Läuterung, und nicht bloß von der dem Zucker gehörigen rede.

Die Wachs- und Talglichtgießer läutern den Talg oder das Wachs, wenn sie die fremden und schwereren Körper aus diesen beyden Materien sich in dem Grunde setzen lassen, worinnen sie lange Zeit in einem flüßigen Zustande unterhalten werden, damit die schon beschriebenen fremden Substanzen Zeit haben auf den Grund zu fallen. Diejenigen dünnen und flüßigen Sachen, die man lange Zeit ruhig und unangerühret stehen lassen kann, werden durch das Sinken von selbst klar. Auf diese Weise setzen sich die Hefen des Weins in den Weingefäßen an. So wie auch dieses bey dem Bier, Cider u. s. w., ja auch bey dem Satz des Coffees geschiehet. Zuweilen um dieses Sinken oder Ansetzen der Materien, die beynahe die nämliche Schwere des dünnen flüßigen Körpers haben, der sich läutern soll, zu beschleunigen oder leichter zu machen, mischet man diese dünnen und flüßigen Körper mit Eyerweis oder mit Hausenblase, die sich sogleich über der Oberfläche des flüßigen Körpers ausdehnen, und eine Art einer Decke ausmachen, die nach und nach zu Boden gehet, und alle fremde Körper mit sich nimmt. Auf diese Weise wird der Wein und das Bier mit Hausenblase geläutert. Den Coffee kann man mit ein wenig Hirschhorn klar machen. Es ist aber hierbey wahrzunehmen, daß derjenige flüßige Körper, den man klar machen will, nicht so schwer sey als die Eyer, die Hausenblase oder das Hirschhorn sind: denn sonst würden diese Substanzen beständig auf dem flüßigen Körper schwimmen, und diesen gar nicht klar machen.

Diese Art zu läutern kann man nicht beym Zucker anbringen. Der klare kalt gewordene Syrup, müßte lange in Gefäßen stehen bleiben, wenn er auf diese Weise geläutert werden sollte. Allein es würde sich dabey zeigen, daß derselbe sauer würde, mithin zum Theil verloren gienge. Ich zweifle auch noch außerdem daran, daß die Eyer oder Hausenblasen u. s. w. eigentlich schwerer, als der geschmolzene Zucker, seyn sollten.

Die Läuterung geschiehet auch noch durch das Filtriren: zum Exempel, wenn man den Wein über Buch- oder Hobelspäne ziehet, andere flüßige Körper durch den Filtrirsack durch einen Schwam, durch Wolle, oder Löschpapier, laufen läßt. Diese Art zu läutern kann denen dicken und settigten Substanzen nicht zu Hülfe kommen, wollte man indessen diese so behandeln, so müßte der Filz nicht zu kleine Poros haben. Um geschmolzenen Zucker durch Löschpapier zu filtriren, müßte man denselben in viel Wasser ausdehnen, welches hernach eine weitläuftige Ausdünstung verursachte, die sehr theuer zu stehen kommen würde. Daher begnüget man sich den Zucker durch ein wollenes Tuch zu filtriren. Also ist die Filtrirung in einigen Stücken zur Läuterung des Zuckers angenommen.

Die dritte Art eine Materie zu läutern geschiehet, wenn man in den flüßigen Körper eine solche Substanz einschüttet, die gleich flüßig wird, um sich mit dem geschmolzenen Zucker zu vermischen, und die, wenn sie schleunig kocht, mit ihren Theilen alle Substanzen, die den flüßigen Körper trübe machen, umfaßt, wie auch alle Luftblasen, oder die dünne gewordenen Ausdünstungen, die sich auf der Oberfläche des Körpers in einer schwammigten Form, die **Schaum** genennet wird, halten. Dieses Mittel wird am meisten zur Läuterung des Zuckers gebraucht, und die Substanzen, die gebraucht werden, diese Läuterung zuwege zu bringen, sind das Eyerweiß mit Wasser oder Ochsenblut durchgeschlagen. Diese beyden Substanzen sind sehr flüßig, wenn sie mit Wasser durchgeschlagen werden, und vermischen sich gut mit dem geschmolzenen Zucker. Da sie plötzlich kochen, und da ihre Theile entweder mit Luft oder Ausdünstungen angefüllet sind; so verursachen sie, nachdem sie durch das Kochen dicke geworden sind, eine Art von Filtrum, der, wenn er nach der Oberfläche des flüßigen Körpers steigt, alles dasjenige, was den Zucker trübe machen kann, mit sich wegführet, und nebst denen Unreinigkeiten unter der Gestalt eines Schaums zur Oberfläche ansteigt. Diesem Schaum muß man dergestalt begegnen, daß er nicht zerbricht oder zerreißt: denn wenn man die Luftblasen zerstieße, so würde die Luft, die sie zur Oberfläche des flüßigen Körpers treibt, und der Schaum, der das nämliche Gewicht, wie der Zucker, erlangen dürfte, in diesen flüßigen Körper nur durch kleine Theile würken, die ohnmöglich mit der Schaumkelle abgeschöpft werden könnten. Andere schwerere Theile würden sich zu Boden stürzen, woselbst sie leicht verbrennen möchten.

Folgende Anmerkungen können diese Theorie bestätigen. 1) Ich habe versucht das Eyerweiß mit Hausenblase zu versetzen, allein ich habe hiermit keinen Schaum zuwege bringen können, weil die letztere nicht kochen kann. 2) Wenn der Zucker, wozu Blut oder Eyerweiß geschüttet worden, durch ein gelindes Aufwallen gekocht wird, so steigt ein dicker Schaum nach der Oberfläche desselben. 3) Wenn der Zucker durch starkes Aufwallen gekocht wird, so vermischet sich ein Theil des Schaums mit dem Zucker, weil die Bläschen, die seine Leichtigkeit ausmachen, zerspringen, und dadurch einen Theil des Schaums in den Zucker treiben.

4) Wenn man den Zucker kalt werden lässet, so gehet der Schaum zu Grunde. Die Oberfläche der Pfanne wird nach Verlauf von einer halben Stunde mehr als einen Zoll hoch den allergeläutertsten Zucker zeigen, der doch weiter unten nicht so beschaffen ist. Nach einer Zeit von 24 Stunden wird aller Schaum auf dem Boden der Pfanne liegen. Ich glaube, daß dieses daher entstehet, weil die in den kleinen Bläschen befindlichen Ausdünstungen schwerer sind, und daher das Gewicht des Schaumes stärker als das Gewicht des Zuckers wird. 5) Der Schaum verbindet sich auch mit dem Zucker, wenn er rege gemacht wird; und dieses folgt, wenn man die Bläschen zerbricht, von denen die Leichtigkeit des Schaumes entstehet.

Es ist demnach zu bemerken, daß die kalkigten Theile, mit der fettesten und klebrichten Substanz des Zuckers, schmierigte Theile ausmachen. Diese Eigenschaft des Kalkwassers, das sich mit den fettern Körpern vereiniget, ist sehr wohl angebracht. 1) Vermöge der Eigenschaft die es hat, das allerfetteste Oel fest zu machen; 2) wegen des Gebrauchs, den die Seifensieder davon machen; 3) durch das, was man bey der

Reinigung

Die Kunst des Zuckersiedens.

Reinigung der Brennöle aus dem Pflanzen- und Thierreiche wahrnimmt; 4) durch die Wirkung, die das Kalkwasser bey Zubereitung des Leders hervorbringt; 5) Will man ein wesentliches Salz aus dem Saft einer sehr fetten Pflanze, die, weil sie sehr fett ist, ganz leicht zur Fäulniß gelangen kann, ausziehen, so gebrauchet man dazu nicht allein Kalkwasser, sondern sogar ungelöschte Kalksteine. Es läßt sich demnach muthmassen, daß eine Verbindung der allerfettesten und schleimigsten Theile des Zuckers mit dem Kalk vorgehe, ohngeachtet sie gewiß keine wahre Seife hervorbringt, und sich nicht in dem Zucker als ein fremder Körper zeiget. Wir glauben also, daß das Eyerweis oder das Blut mit dem Zucker vermischet, nicht allein alle fremde Körper zusammen sammlet, die über dem Fluß schwimmen; sondern auch alle schleimigten Theile annimmt, und sie zur Oberfläche unter der Gestalt des Schaumes hintreibt. Wenn das Eyerweis, oder das Blut sehr hoch eingeschüttet wird, so geschiehet es damit diese Materien sich mit dem Zucker vermischen mögen. Rühret man denselben geschwinde um, so ist der Zweck dieser, die Vermischung desto vollkommner zu machen. Allein es ist nöthig und unentbehrlich, alles Rühren einzustellen, sobald das Blut oder das Eyerweis kocht, um nicht die kleinen Bläschen, die, wie gesagt, voller Luft oder Ausdünstungen sind, und die die Leichtigkeit des Schaumes ausmachen, zu zerstoßen. Um dieser nämlichen Ursache willen, muß das Feuer vermindert werden, damit ein starkes Aufwallen, die kleinen mit Luft gefüllten Bläschen nicht zersprengen könne. Der Schaum muß auch sanft abgeschlagen werden, damit nichts zu Grunde fallen möge, und das Blut oder das Eyerweis, wenn es an zu kochen fängt, zur Oberfläche steigen könne. Würden die Bläschen, die dem Schaum seine Leichtigkeit verschaffen, zerstoßen, so würden nur zwey Mittel übrig bleiben, den Schaum vom Zucker zu scheiden. Einmal durch das Filtriren durch den Filz, wodurch der Zucker sehr heiß gegossen werden müßte, damit der Syrup, der sodann flüßiger wird, besser und bequemer durch den Filz träufeln könne, und denn zweytens, daß man den Zucker in einer Pfanne kalt werden ließe, damit alle Unreinigkeiten in derselben zurück blieben. Allein, damit sich die Unreinigkeiten setzen könnten, müßte der Zucker mit vielen Wasser vermenget seyn; woraus, zumal im Sommer, eine Versäurung zu befürchten stünde. Es ist mir bekannt, daß man Zucker, ohne Kalkwasser zu gebrauchen, läutern kann; allein ich zweifle, daß man bloß durch das Eyerweis oder durch das Blut, dem Syrup das fette und schmierigte Wesen nehmen könne, welches hindert, daß der Zucker keine Körner ansetzen kann, oder daß diese sich von dem Syrup absondern können. Auf denen Inseln, woselbst der Saft des Syrups sehr fett ist, wird nicht allein Kalkstein gebrauchet, sondern man vermehret seine alcalische Eigenschaft dadurch, daß Asche hinzugefüget wird. Wenn durch einen Zufall der Schaum mit dem Zucker vermischet worden, so muß man, um denselben wieder auf die Oberfläche steigen zu lassen, ein wenig Blut, das mit Kalkwasser vermischet, zu dem Zucker schütten, und das Feuer um einen geringen Grad lebhafter machen. Andere begnügen sich in diesem Fall bloß mit Kalkwasser allein. Ich habe nach diesem Zusatz ein wenig Schaum in die Höhe steigen sehen. Vielleicht würde es besser gerathen, wenn man mit dem Kalkwasser ein wenig sauer gewordenen Syrup, der ein Aufbrausen verursachte, das dem Zucker gute Dienste thun würde, einschütten ließe.

Ich gestehe, daß das Kalkwasser in den Zucker auf eine andere Weise, als durch die Hervorbringung der seifenartigten Theile, würken könnte. Vielleicht könnte es durch seine Schärfe die Klebrigkeit des Syrups vermindern. Ich gebe dem Leser in folgenden eine Erfahrung der Herren von Bronville und Willebonre auf, die diesen Satz zu beweisen scheinet.

Diese Herren sind dazu gelanget, den Zucker ohne Zuthuung des Kalkwassers vollkommen zu reinigen. Allein, nachdem sie denselben abkochen lassen, so haben sie keine tüchtig trocknen Körner erhalten können. Nachdem sehr starkes Kalkwasser hinzugeschüttet war, so erhob sich nichts auf der Oberfläche des Zuckers, der vorher tüchtig geläutert worden war; inzwischen, nachdem dieser Zucker eingekocht, gab er ein schönes Korn, das vorher nicht zu erhalten war. Hierbey wird man eine sehr deutliche Wirkung des Kalkwassers wahrnehmen. Allein, wie wirket es? Geschiehet es, wenn es mit den allerfettesten Theilen des Syrups eine Art von Seife hervorbringt, die aber, weil sie sehr flüßig ist, nicht merklich wahrzunehmen ist? Geschiehet es durch die Verringerung, wenn die allerklebrigste Substanz des Syrups vertheilet wird? Dieses darf ich nicht zu bestimmen wagen.

Vor Zeiten wurden viele Eyer zur Läuterung des Zuckers gebraucht, allein, seitdem man gewahr worden, daß das Blut besser und mit mehreren Nutzen, als das Eyerweis gebraucht werden kann, und daß dieses Mittel wenigeren Abfall verursachet, so bedienet man sich fast bloß des Blutes in den Zuckersiedereyen.

Man muß nicht glauben, daß es gleichgültig sey, Blut von verschiedenen Arten von Thieren zur Läuterung des Zuckers zu gebrauchen. Es hat sich zu verschiedenen malen geäussert, daß Kalbs- und Schöpfenblut weniger Dienste als das Ochsenblut, thut; und daß sogar das Ochsenblut zum Gebrauch besser ist, wenn es faul zu werden angefangen, als wenn es gleich frisch gebraucht wird. Vermuthlich entstehet dieses daher, weil das volatilische Salz, das sich von dem Blute loßlößt, auf die fetten Theile des Zuckers wirket, und gemeinschaftlich mit den Kalktheilen den Zucker von seinem Fett reinigen hilft. Man hat mich sogar versichern wollen, daß, wenn alle Zuckersiedereyen in Orleans gleich stark arbeiteten, die Fleischer dieser Stadt nicht vermögend wären, das nöthig habende Ochsenblut abzuliefern, die sich ihre Nothdurft von Paris zuführen ließen. Ich komme wieder auf die Beschreibung der Arbeit in der Zuckersiederey.

Beschreibung, den Zucker zu kochen.

Wenn der Zucker gut geläutert, und durch den Filz filtriret worden, so bringet man denselben, wie ich bereits erzählet habe, in Becken aus der Läuterungs-Pfanne in die

die zum Kochen bestimmte Pfanne (Nro. 4. 3te Taf.) Diese Pfanne ist nicht wie die übrigen mit einem Rande versehen. Sie wird bis zur Hälfte mit geläutertem Zucker angefüllt.

Wenn diese Ladung geschehen, so wird das Feuer unter der Pfanne angebrannt; und da dasselbe sehr heftig seyn muß, weil es vortheilhaft ist, daß der Zucker geschwind koche, so fachet man es dadurch an, daß der Rost mit den Haken der Ofenkrücke (IV. Taf. Fig. 17.) rein gemacht wird, damit, wenn die Luft ungehindert durch das Gitterwerk des Rostes durchstreichen kann, die Kohlen mit Heftigkeit brennen mögen.

Einige Minuten nachher, wenn das Feuer unter der Pfanne angebrannt worden, blähet sich der Zucker sehr, und er würde aus der Pfanne steigen, wenn man nicht ein wenig Butter auf den kochenden Zucker würfe, die seiner Gewalt Einhalt thut, und wenn er nicht unaufhörlich mit dem Probstock (IV. Taf. Fig. 18.) umgerühret würde. Wenn der Syrup ins Kochen gekommen ist, so wird er nicht mehr aufsteigen; zum wenigsten während einer kurzen Zeit. Nichts destoweniger muß man Acht haben, denn dann und wann steiget er sehr schnell in die Höhe, zumal, wenn der Augenblick kommt, wo er bald genug gekocht hat.

Man unterhält das Aufwallen während ohngefähr ¼ Stunden oder einer ganzen Stunde; und der Meisterknecht beurtheilet an dem Aufwallen, wenn der Syrup dem nöthigen Grad des Kochens nahe kommt; auch an der Dicke des Zuckers auf dem Probestock; dann und wann auch daran, wenn der Zucker sich blähet. Alsobald nimmt er die Probe, wenn er mit dem Daumen über den mit Syrup belasteten Stock hinfährt, wie es auf der 3ten Taf. gegen der Pfanne Nro. 4. über, vorgestellet worden. Wenn er nun mit dem Zeigefinger sich dem Daumen nähert, und ihn hernach wieder entfernet, (IV. Taf. Fig. 19.) so urtheilet er an dem Faden des Syrups, der sich von einem Finger zu dem andern ausdehnen läßt, ob der Syrup genug gekocht hat. Bey dieser Handlung hält er den Daumen unter den Zeigefinger. Der Meisterknecht erkennet an der Natur des Fadens, der zwischen seinen Fingern entstehet, ob der Zucker den nöthigen Grad im Kochen erhalten hat. Man kann hiebey nicht eigentlich gewiße Vorschriften anweisen; jedoch deucht es mir, daß ich wahrgenommen habe, daß, wenn der Faden bey dem Zeigefinger der über den Daumen gehalten wird, zerbricht, das Zeichen sey, daß der Zucker noch mehr kochen muß: Hingegen, wenn er, näher an dem Daumen, der unter den Zeigefinger gehalten wird, zerreißt, und der Theil des Fadens, der an dem Zeigefinger klebt, kürzer wird, wenn er sich diesem Finger nahet, so ist es ein Beweiß, daß der Zucker genug gekocht hat.

Ich will nicht läugnen, daß mir ein geschickter Zuckersieder versichert hat, daß dieser Faden nicht sein einziges Zeichen sey, wornach er sich zu richten pflege; weil derselbe nach

Nota. Die Erfahrung die am Ende der vorhergehenden Seite angemerket worden, ist durch die Herren von Tillcboure und von Goudeville angestellet.

nach Maßgabe der Zeit und der Witterung veränderlich ausfiele. Ein auf den nämlichen Grad im Winter gekochter Zucker wird einen ansehnlichen Faden geben; zumal wenn die Witterung trocken und zum Frost aufgeleget ist; im Sommer wird er fast gar keinen oder wenig Faden geben, wenn zumal die Witterung feuchte und schwer ist. Der Meisterknecht ist demnach genöthiget, alsdann sein Wahrzeichen beynahe einzig und allein an dem Aufwallen des Zuckers an der Art und Weise, wie sich der Zucker auf dem Probestock hält, und endlich, welches am sichersten ist, an dem Grad der Dicke, den der flüßige Zucker zwischen seinen Fingern ausmacht, zu nehmen: Es ist also das Gefühl, das am besten und sichersten zu urtheilen lehret.

Es ist sehr nothwendig, daß der Zucker den gehörigen Grad im Kochen erhalte; denn wenn der Syrup nicht durch hinlängliches Kochen genug verdicket wäre, so entstünde daraus der Schade, daß da der Zucker in zu viel Phlegma zerlaßen, die Körner sich nicht in gehöriger Menge von dem Syrup scheiden, und vielen Syrup von sich geben würden. Ist im Gegentheil der Zucker zu stark gekocht, so würde derselbe, weil er zu dicke geworden, zu vielen Syrup an sich hängen, und sogar würden die mit nicht so vielen Syrup belasteten Körner nichts anders als sehr beschwerlich abzusondern seyn. Da man aber in einer Pfanne Zucker, der zu verschiedenen Zeiten gekocht worden, zusammen mischt; so wird der Meisterknecht, wenn er gewahr wird, daß das erste Sieden zu stark gerathen, dahin bedacht seyn, zum zweyten mal das Sieden geringer zu machen; und mithin durch diese verschiedenen Grade des Siedens, die zusammen kommen, im Stande gesetzt werden, das Fehlerhafte zu verbessern; doch ob man schon zu diesem Hülfsmittel seine Zuflucht nehmen kann; so muß man versuchen dasselbe entbehren zu können.

Ein mit zu vielem Phlegma belasteter Zucker ist der Gährung und dem sauer werden ausgesetzt. Ein gut geläuterter Syrup, der besser in die Enge getrieben worden, als derjenige, wovon eben die Rede gewesen, der aber doch nicht in diesem Stücke den nöthigen Grad, den er, um Zucker daraus zu machen, erlangen muß, bey sich führet, würde nach vieler Zeit große Klumpen von Crystall ansetzen, und das, was man Candiszucker nennet, ausmachen. Allein dieses will man nicht in den Zuckersiedereyen hervorbringen. Ist der Syrup noch besser in die Enge gebracht, so geschiehet die Scheidung der Körner von dem Syrup plötzlich, und in einem Augenblick schießet eine Menge von kleinen Kryställen an, die eine nicht zu bestimmende Form gewinnen, und daher den Namen der Körner erhalten.

Die verschiedenen Zuckersieder sind nicht gänzlich einerley Meynung bey dem Unterschied des Siedens. Einige sieden etwas weniger als andere, diejenigen, die den Grad des Siedens verringern wollen, wissen, daß da der Syrup flüßiger bleibt, die daraus entstehenden Körner weißer werden, und sich genauer mit einander verbinden, und einen festeren Zucker ausmachen. Diejenigen, die dieses Maaß überschreiten, behaupten, daß durch die erste Methode mehr Syrup ablaufe, und dadurch die Körner verringert werden; worauf

Die Kunst des Zuckersiedens.

worauf jene antworten, daß da sie nicht nöthig haben, ihren Zucker so sehr als diese in die Erde zu scharren, weil der Syrup von selbst abliefe, sie wenigeren Abfall bey ihrer Arbeit verspürten, als die, die den Zucker stärker sieden lassen. Es ist ausgemacht, daß beyde schönen Zucker machen. Auf der 3ten Taf. siehet man einen Zuckersieder der die Probe nimmt.

Welche Art zu verfahren nun von beyden angenommen wird, so liegt klar am Tage, daß es zuträglich ist den Grad des Siedens genau zu bemerken; dieserhalb, wenn dieser vorhanden ist, muß man geschwinde die Pfanne leeren, und den gekochten Zucker nach den Füllungs-Ort hintragen. In dieser Absicht werden auf den Staffeln des Ofens an beyden Seiten der Siederpfanne zwey mit Stroh ausgestopfte Wulste (IV. Taf. Fig. 20.) aufgelegt, worauf zwey Becken gestellet werden (Fig. 21.*). Ein Knecht, der durch den Meisterknecht angewiesen wird, öfnet die Thür des Ofens, und wirft mit dem großen Löffel Wasser auf das Feuer, damit es verlösche. Zu gleicher Zeit stellet sich der Meisterknecht vor die Pfanne, ohngefehr in der Stellung, die man ihm auf der IV. Taf. Fig. 2. gegen der Pfanne über gegeben hat. Er füllet mit gekochten aber noch flüßigen Zucker die Becken die neben ihm stehen; und nach der Maaße daß sie voll werden, welches geschwinde geschiehet, nehmen die Knechte, so wie einer auf der IV. Taf. Fig. 25. vorgestellt ist, die Becken auf, und tragen sie nach den Füllungsort, und schütten sie in die darinnen stehenden Pfannen aus. Andere stellen leere Becken wieder neben den Meisterknecht; und sobald die Siedepfanne leer geworden, füllet man sie mit anderen geläuterten Syrup, brennet das Feuer wieder an, und besorget, daß dieser ebenfalls siede.

Betrachtung über das Aufwallen.

Wenn man in einem gläsernen Gefäße Wasser warm werden läßt, so siehet man, daß sich an den Ort, wo das Feuer am meisten wirket, und auf den Boden des flüßigen Körpers, Blasen ansetzen. Diese Blasen, die von dem Grund aufsteigen, bersten, wenn die flüßige Materie die Hitze stärker empfindet, und steigen nach der Oberfläche fast unvermerket. Wenn sie zerspringen, so geben sie kleine Tropfen Wasser von sich, die, wenn sie auf die Kohlen zurück fallen, ein kleines Geräusche verursachen; auch wird ein kleines Pfeifen in der Materie selbst wahrgenommen. Alsdenn sagt man daß das Wasser sich erschüttere. Kurz nachher folgt ein starkes Aufwallen, das Wasser rauscht sehr, allein das Abgießen der kleinen Wasser Tropfen, wovon ich geredet habe, höret gänzlich auf.

Wird

---

*) In einigen Zuckersiedereyen siehet man die Gewohnheit der oben benannten vor, nämlich die Becken auf Holz niederzulassen, weilen der Wulst da er Syrup in sich saugen kann der Reinlichkeit zuwider ist.

Wird eine dicke und klebrigte Materie zum Feuer gebracht, wie der geläuterte Zucker, so steiget gemeiniglich dieser Zucker in der Pfanne auf, ehe er zum Aufwallen gelangt. In diesem Zustande gleichet der Zucker einer mit vielen Gäscht angefüllten Materie. Eine Menge kleiner Blasen, die sich nicht so leicht von dieser klebrigten Materie als vom Wasser absondern können, versammlen sich, und verursachen in der ganzen Masse ein Aufblähen.

Sobald der Zucker aufzuwallen anfängt, so scheinet die ganze Pfanne gleichsam mit Wasserblasen, die so breit wie ein Thaler, bedecket zu seyn; alsdenn fängt der Zucker zu fallen an; welches, wie ich glaube, daher kommt, daß die Gewalt, mit welcher die Dünste empor steigen, die Wasserblasen zersprenget, und nicht verstattet, daß sie sich in großer Menge auf der Oberfläche sammlen. Diese breiten Wasserblasen folgen auf einander, und geben, wenn sie zerplatzen, vielen Rauch von sich.

Wenn einmal das Aufwallen recht ins Geleise gekommen ist, so siedet der Zucker, wie man vorgiebt, ganz niedrig, und steigt nicht mehr in die Höhe.

Alsdann bringet das Aufwallen in der Mitte der Pfanne hervor, und treibt alle Blasen an den Rand, woselbst die breiten Wasserblasen bersten, und immer neue hervor bringen.

Es dienet zum Beweiß, daß der große Ueberfluß und die Gewalt der Dünste, an dem Zersprenger der Blasen schuld sey, wenn man bedenket, daß der Zucker nicht steigen könne, wenn man das Feuer verringern lässet, auch das Aufwallen in der Mitte sodann etwas geringer wird, und daß die Wasserblasen, die das starke Aufwallen an den Rand getrieben, sodann sich über der Oberfläche des Zuckers wieder ausbreiten; der Zucker von neuen wieder aufschwillt, und dieses um so viel mehr thut, je mehr das Feuer verringert wird.

Ein anderer Umstand, der wohl angemerket zu werden verdienet, ist, daß, wenn der Zucker den Grad, wo er genug gesotten hat, erlanget, dieses die Zeit ist, worinnen er am meisten aufquillt; vermuthlich darum, weil alsdann sein klebrigtes Wesen zunimmt.

In allen diesen Fällen hindert man den Zucker an dem Aufsteigen, wenn ein wenig Butter in die Pfanne geworfen wird. In den nämlichen Augenblick, worinnen dieses geschiehet, wird das sehr erhöhete Aufwallen nachlassen und glatt werden. Es wird sich auch wahrnehmen lassen, daß mehr Butter erfodert wird zur Zeit da der Zucker den nöthigen Grad des Siedens erhält, als im Anfange, da er zu sieden anfängt. Wir wollen die Erzählung der Vorfälle verfolgen, ehe und bevor wir eine Beschreibung der Umstände, die sie hervor bringen, vornehmen. Wenn der Zucker dem Grad des Siedens, der zu seiner Vollkommenheit erfodert wird, noch näher kommt, so verkleinern sich die Blasen, und werden endlich ganz klein, und die ganze Masse des Zuckers scheinet einen Gescht annehmen zu wollen. Das heißt, daß anstatt einer kleinen Anzahl von großen Blasen, sodann eine unzählige Menge kleiner Bläschen hervor kommen. Sollte

Die Kunst des Zuckersiedens.

dieses letzte Phänomen wohl von der Verdickung der Materie entstehen, die verhindert, daß verschiedene kleine Blasen sich nicht vereinigen können, um größere auszumachen? Der Vorfall ist gewiß. Ich habe sie nur bloß beobachtet; der Herr von Gueudreville hingegen, hat sie genau untersucht. Die Auslegung derselben betreffend, so will ich bitten, daß man sie bloß als Muthmaßungen ansehen möge. Ich könnte inzwischen denselben einiges Gewicht geben, wenn ich zur Betrachtung anheim stellte, daß der klare Farinzucker, der viele Körner anschiesset, viele Wasserblasen während des Siedens hervor bringt. Er ist indeß weniger geneigt aufzusteigen; dergestalt, daß man ihn öfters ohne Butter gebraucht zu haben, sieden kann: da im Gegentheil der fette rohe Zucker, dergestalt hoch ansteiget, daß man, um ihn im Zaum zu halten, viele Butter anwenden muß. Es scheinet mir natürlich zu seyn, die Ursache dieser beyden verschiedenen Vorfälle dahin auszudeuten, weil der feine Zucker weniger klebrigtes Wesen in sich führet, als der, den man zu groben Zucker versiedet. Ich will einige andere Vorfälle die zu denen Substanzen gehören, die sich auf dem Feuer blähen, hieher bringen, weil sie den Zucker eigentlich angehen.

1) Das in einem weit ausgedehnten Gefäße gekochte Wasser, blähet sich sehr wenig beym Sieden. Wird aber dasselbe in einem, unten breit, und oben schmal geformten Gefäße gesotten; so steiget das Wasser hoch an, und zwar darum, weil alle Dünste, die gezwungen werden, durch eine enge Oefnung zu verfliegen, Kräfte erhalten, die flüßige Materie aufzublähen; welches in einem weit ausgedehnten Gefäße nicht geschehen kann.

2) Wirft man Caffee in ein Gefäße, daß mit im vollen Sieden befindlichen Wasser angefüllet ist; so wallet das Wasser so lange auf, bis daß der Satz des Caffees mit dem Wasser wohl vermenget sey. Ich glaube daß die Luft, die zwischen den Theilchen des Caffees enthalten ist, etwas zu dem Aufschwellen beytrage; das inzwischen aufhöret, wenn der Satz mit dem Wasser vereiniget worden. Außerdem so schwimmet dieses Pulver, das, wann es trocken, leichter als das Wasser ist, auf der Oberfläche, und verursachet eine Cruste, die sich der Ausbünstung wiedersetzet; die aber vernichtet wird, sobald der Caffee mit der ganzen Wassermasse vermischet worden.

3) Die Chocolade, die das Wasser dicke und klebricht macht, treibt es sehr in die Höhe; und dieses Aufblähen wird noch stärker zum Vorschein kommen, wenn die Chocolade in Milch gesotten wird, darum, weil das Ganze viel dicker ist.

4) Wenn eine flüßige Materie, die sich sehr viel bläht, mit einem Löffel umgerühret wird; so wird man vielen Rauch aufsteigen sehen, und das Aufwallen leget sich; welches alles, wie ich glaube, daher entstehet, daß die Ausdünstungen zum verfliegen Raum erhalten haben.

5) Schüttet man in eine Caffekanne, worinnen das Wasser in die Höhe steiget, ein wenig frisches Wasser, so sinket das Aufwallen; nicht allein darum, weil die flüßige Materie eine Erkältung leidet; sondern auch und vornehmlich darum, weil das hinzugeschüttete

schüttere Waſſer das verfliegen der Ausdünſtungen befördern hilft, welches ſich durch einen dicken Rauch, der in die Höhe ſteiget, beweiſet. Ich ſage vornehmlich, denn man kann das Aufwallen ſowohl mit kalten als warmen Waſſer niederſchlagen.

6) Wenn zu einer klebrigten flüßigen Materie, die beym Sieden ſtark aufwallet, ein ähnliche aber kalte Materie eingegoſſen wird; ſo ſiehet man faſt in den nämlichen Augenblick ein noch ſtärkeres Aufwallen hervor kommen; wenn aber ſtatt der kalten, eine ähnliche aber ſehr heiß gewordene Materie, hinzugefüget wird, ſo bleibt das Aufwallen nach, und kommt nicht zum Vorſchein. Ich muthmaße, daß dieſe Veränderung daher entſtehet, weil die kalte Materie die ſchwerer wie die heiße iſt, zu Boden fällt, und daß die Luft die ſie in ſich faßt, dünner wird, auf dem Boden des Gefäßes Dunſtblaſen hervor bringt, wie bey allen kalten flüßigen Materien vorzugehen pfleget; da ſtatt dieſer, die im Sieden begriffene flüßige Materie, weil ſie von aller Luft gereiniget worden, ſich mit der ganzen Maſſe der Materie vereiniget, ohne daß ſie zu Boden falle.

Wenn in der Siedepfanne eine gewiße Menge von kalten Zucker, der ſodann weit dicker iſt, und der aus der Läuterungspfanne genommen, eingeſchüttet worden, ſo läſſet ſich wahrnehmen, daß ehe und bevor der Zucker aufſchwillt, und aufzuwallen anfängt, die ganze Oberfläche durch eine Art einer convulſiviſchen Bewegung erſchüttert wird. Der geſammte Zucker zittert, und wirft ſpitzige Blaſen in Form einer Pyramide in die Höhe; wobey ein merkliches Schnarchen, ſo wie in einer Orgelpfeiffe, zu hören iſt. Dieſer Lerm verurſachet eine ſolche Bewegung oder Erſchütterung, daß die Fenſterſcheiben der Werkſtatt, und ſogar die Scheiben der benachbarten Hallen mit einem Geräuſch erzittern; welche Erſchütterung denn alſobald aufhöret, ſobald die großen Waſſerblaſen hervorgekommen ſind.

In der Folge dieſer Abhandlung wird man eine Geſchicklichkeit der Zuckerſieder anführen, die das Aufwallen hindert, wenn der Syrup geſotten wird, vorher aber will ich die Folge der Arbeit des Zuckerſieders weiter durchgehen.

Zubereitung der Formen.

Da wir die Werkſtelle der Pfannen verlaſſen, ſo folgen wir dem gekochten Zucker, der zu Hüten verarbeitet werden ſoll. Zu dieſem Ende müſſen wir in einen Saal eintreten, den man den Füllungsort nennet: da aber die Formen darinnen gebraucht werden ſollen, ſo können wir nicht umhin zu erläutern, was es iſt, und die Vorkehrung anführen, die zur Hand genommen werden, die Formen tüchtig zu machen, den gekochten Zucker, ob er gleich noch flüßig iſt, in ſich zu faſſen. Wir laſſen alſo den Zucker in einer Pfanne, die in dem Füllungsort ſtehet, und die die Abträuflungspfanne genannt wird, und reden bloß von den Gefäßen, worinnen man den Zucker aus dieſer Pfanne einſchüttet; und dieſes um ſo viel mehr, da der hinlänglich geſottene Zucker, eine Zeitlang in der eben benannten Pfanne bleiben muß, ehe derſelbe in die Formen gebracht werden kann.

Die

Die Kunſt des Zuckerſiedens.

Die Formen ſind Gefäße von gebrannter Erde zuſammen geſetzt. Ihre Figur iſt kegelförmig ſowohl von innen als von außen. Ihre inwendige Figur wird durch die darinnen geformten Zuckerhüte angegebrn. Sie haben verſchiedentliche Farben, nach Maaße der Erde, die die Töpfer dazu verarbeitet haben. Einige Zuckerſieder geben den weißen Formen den Vorzug, andere hingegen denen, die eine rothe Farbe haben; allein dieſer Unterſchied der Farbe kann als ſehr gleichgültig betrachtet werden, wenn nur dieſe Gefäße gut gebrannt, hübſch glatt und genau kegelförmig ſind, damit die Zuckerhüte leicht heraus genommen werden können. Einige darunter ſind ein wenig oval. Dieſes iſt ein ganz kleines Hinderniß; das, wenn man der Form ein kleines Zeichen giebt, wie die Zuckerhüte eingeſchoben werden müſſen, leichte aus dem Wege zu räumen iſt, und Gelegenheit giebt, die Zuckerhüte hierinnen ſo gut, als in die vollkommen runden Formen zu bringen.

Man findet gemeiniglich in den Zuckerſiedereyen ſechs verſchiedene Größen der Formen, als

Auf der VI Taf. Fig. 1. zu den kleinen zwey. Dieſe hat 11 Zoll Höhe, und 5 Zoll Diameter an dem Untertheil.

Figur 2. zur großen zwey, der 13 Zoll Höhe und 6 Zoll im Diameter hat.

Figur 3. zur dritten Gattung, 19 Zoll Höhe und $7\frac{1}{2}$ Zoll Diameter.

Figur 4. zur vierten, 19 Zoll Höhe und 8 Zoll im Diameter.

Figur 5. zur ſiebenten, 22 Zoll Höhe und 10 Zoll Diameter.

Figur 6. zu den langen, haben 30 Zoll Höhe und 15 Zoll im Diameter.

Man kann rechnen, daß eine Form, die 30 bis 35 Pfund geläuterten und geſottenen Zucker enthält, ohngefähr einen Hut Zucker, der, wenn er aus der Darre heraus gebracht worden iſt, 15 bis 17 Pfund ſchwer wiegt, ausmachen wird. Wohl zu verſtehen, daß hieben von dem allerfeinſten und von dem ſo genannten Königszucker, nicht die Rede ſey.

Die Formen haben alleſamme an ihren ſpitzigen Ende eine Oefnung, um den Syrup daraus rinnen zu laſſen. Sie werden auf einen Topf, Figur 7. der die Form unterſtützet und den Syrup annimmt, geſtellet. Die mehreſten dieſer Töpfe haben 3 Füße; allein in einigen Rafinerien ſiehet man lieber, daß dieſe den Töpfen fehlen; weil dieſe Füße, die an den Körper des Topfs, durch die Töpfer befeſtiget worden, ſich leicht davon abſondern, und dadurch den Topf unbrauchbar machen. Sie müſſen einen breiten Boden und eine breite Stellung haben, und die obere Oefnung, die le collet, der Hals genannt wird, muß ſehr ſtark befeſtiget ſeyn. Ihre Größe muß mit dem Maaße der Formen in einem Verhältniſſe ſtehen. Dergeſtalt daß alſo die Töpfe zu der Form Fig. 1. VI Taf. drey Nöſel in ſich enthalten und 6 Zoll hoch ſeyn können.

Ein Topf zu den großen zwey hat 7 Zoll Höhe, und enthält zwey Kannen.

Die Töpfe zu der dritten Gattung haben 8 Zoll Höhe, und enthalten 3 Kannen.

Die Töpfe zu der vierten 10 Zoll Höhe, und faſſen 4 Kannen in ſich.

Die Töpfe zu der siebenten haben einen Fuß Höhe, und enthalten 6 Kannen.

Endlich haben die Töpfe zu den Lumpen 15 Zoll im Diameter, 15 bis 18 Zoll Höhe, und enthalten 20 Kannen.

Ohngeachtet die Töpfer ihre Formen selten mit einem oder mehrern Ritzen abliefern, so unterläſſet man doch nicht dieselben mit einem hölzernen Reif zu versehen, der unten an ihrem weiten Ende rund umher angebracht wird Fig. 3. zuweilen legt man drey Reifen um die großen Formen, und zwar einen, so wie eben gesagt, an dem weitesten Ende, den zweyten an dem dritten Theil ihrer Höhe, und den dritten 5 oder 6 Zoll unter ihrem dünnesten Ende Fig. 4 und 5.

Diese Reifen werden von Weydenruthen oder anderen zähen Holze gemacht, das in zwey oder drey Stücke gespalten wird, und das man mit dem Schnitzmesser aus einander bringet. Sie werden nicht mit Gerten zusammen gebunden, sondern vielmehr wie ein Knoten zusammen geschlungen, und mit zwey kleinen Kerben befestiget, die verhindern, daß sie aus einander gehen. Ueberhaupt zu verstehen, so gleichen diese Reifen denen, die um kleine Tonnen geleget werden.

Wenn die Formen durch den Gebrauch einen Ritz oder Spalte bekommen, so beſſert sie ein alter Knecht Fig. 8. der nicht mehr zu den beschwerlichen Dienst der Zuckersiederey tauget, aus. Zu diesem Behuf bringet er auswendig an der Form und hauptsächlich an dem beschädigten Theil, Stücke von Spänen an, welche von den Böttigern mit ihrem Schnitzmesser von den Dauben eines Gefäßes, worinnen flüßige Sachen aufbehalten werden sollen, abgestoßen sind. Die Böttiger verkaufen dergleichen Späne in Bunden Figur 9. Der Knecht, der die Formen ausbessert, befestiget diese Späne an der Form durch mehr oder weniger Reifen, nachdem die Beschädigung mehr oder weniger groß geworden. Dieser Arbeiter Fig. 8. stellet die Forme, die er ausbessern will, auf einen festſtehenden und starken Tisch oder auf einen Kloß, den breiten Theil unten angesetzt und die Spitze in die Höhe gerichtet. Nachher nimmt er das Maaß des größten Reifes und schneidet seine nöthige Länge ab; beyde Enden deſſelben machet er spitzig, schneidet die Kerben ein; bieget den Reif und flechtet die beyden Enden in einander. Nach dieser Arbeit stellet er die Späne an, wo sie nöthig sind; die Reife treibt er mit dem Schlägel Fig. 10 an, der von harten Holze, 7 bis 8 Zoll lang, und drey Zoll breit gemacht ist, einen Zoll an seinen stärksten Ende hat, der gemeiniglich eine Rundung von 5 bis 6 Zoll lang ausmacht. In seiner linken Hand hält er die Forme, und den Schlägel in der rechten, wie es die 8 Figur zeiget, womit er den anzulegenden Reif an seine Stelle treibt, wobey die Forme immer mit der linken Hand umgedrehet wird. Nach dieser Handlung trachtet er dahin, daß der Reif so viel als möglich angetrieben wird, wobey er einen anderen viereckigten Schlägel Fig. 11. gebraucht.

Die Kunst des Zuckersiedens. 39

Die großen Formen zu den Lumpen Fig. 6. werden mit mehrerer Sorgfalt befestiget. Die Späne werden mit einer Art von Latten, die Kappenstöcke genannt werden, (bâtons de cape *)) Fig. 12. bedeckt. Dieses sind dünne Latten von weißem Holz gemacht, so lang als die Formen sind. Sie sind mit dem Messer gespalten und glatt gemacht, dergestalt daß sie nur ¼ Linie stark bleiben, bis auf einen Daumen breit von einem ihrer Enden, woselbst dem Holze seine ganze Stärke gelassen wird, damit diese Erhöhung, die einen Riß ausmacht, einen Band von Messingdrat aufhalte, der an das kleine Ende angebracht wird. Die Erhöhung nennet man den Haken des Kappenstockes le crochet du bâton de cape.

Diese Kappenstöcke werden demnach rund um die Forme einer an den anderen gestellet. Sie werden mit zwey Umläufe von Messingdrat rund um den Wulst, der das Oberteil der Form ausmacht, stark befestiget, und die Enden des Drates durch eine Verbindung aufgehalten, die mit der Kneipzange gemacht wird. Nachher ordnet man die ganze Länge der Kappenstöcke über die auswärts gebogene Fläche der Formen, und man zwingt sie sowohl, als auch die Späne durch zwey Reife an die Forme feste an, die mit Gewalt angetrieben werden.

Wenn die Späne zu stark sind, so müssen sie mit dem Schnitzmesser dünner gemacht werden.

Die Formen werden nicht allein aus Sparsamkeit, um sie ferner zu gebrauchen, ausgebessert; sondern vielmehr darum, weil die alten Formen besser als die neuen sind, der Zucker sich auch nicht so häufig als an die neuen ansetzet. Es würde nicht möglich seyn, die neuen zu gebrauchen, wenn man sie nicht vorher vier bis fünf Tage lang in ein mit Wasser angefülltes Gefäße eingetaucht stehen ließe, worinnen die gebrauchten Formen gewaschen sind, wodurch dieses Wasser Syrup genug angenommen hat, daß es in Gährung gerathen ist; denn von Zeit zu Zeit siehet man aus dem Wasser in dem Fermentrog oder Gefäße, große Wasserblasen Fig. 14. hervorsteigen, welches ein gewisses Zeichen der Gährung ist. Wird diese Art, die neuen Formen einzutauchen, versäumt, so entstehet daraus das Uebel, daß weil die Körner sich sehr fest inwendig ansetzen, die Zuckerhüte nicht anders als in Stücken aus der Forme gebracht werden können. Allemal wenn die alten Formen gebraucht werden sollen, müssen sie eingetaucht und sorgfältig in frischem Wasser gewaschen werden, so wie dieses auch mit denen Töpfen, wenn sie vorher geleeret worden, geschehen muß. Da aber immer etwas Zucker in den Topf, worinnen der Syrup den Tag über gestanden hat, anschießet, so müssen diese, ehe man sie ins Wasser legt, um den Zucker nicht zu verlieren, mit einer eisernen Spatel Fig. 13. abgeschabt werden; und der davon abgefallene Zucker wird in einen Eymer gethan.

Um

---

*) Das Wort Cape: bedeutet im ganzen Betracht dieser Latten oder platten Stöcken, die man um eine Form legt, dasjenige, was eine Kappe bey einem Menschen bedeutet, der sich vor dem Regen bewahren will, weil sie in diesem Verstande die nämliche Form annehmen.

Um die Formen und Töpfe in das Waſſer einzutauchen, und ſie hernach zu reinigen, hat man einen Trog No. 14. dem der Name eines Formentroges beygeleget iſt. Dieſer Trog iſt eine große Kiſte 11 Fuß lang, 5 Fuß breit und 4 Fuß tief, von ſtarken eichenen Bohlen gemacht, mit Mooß kalfatert, und mit eiſernen Klammern wohl zuſammen getrieben. Oben darüber und in der Mitte von der Länge des Trogs, nach b. b. zu, iſt ein platter eiſerner Band, der an der Figur weggelaſſen iſt. Dieſer Band gehet um den Trog, und iſt beſtimmt ein Brett e. e. das auf den Trog geſetzt wird, zu unterhalten, und welches ſich über die ganze Länge ausdehnet. Dieſes Brett dienet dazu, die Formen, die gewaſchen werden ſollen, aufzuhalten, und diejenigen, die bereits gewaſchen ſind, zu tragen, damit ſie abträufeln können.

Wenn dieſer Trog ſein nöthiges Waſſer erhalten hat, ſo werden die Formen ſtoßweiſe hergeſchaft Figur 15. Sind die angebrachten Formen zu der zweyten Gattung des Zuckers, ſo ſind 10 Formen in einem Stoß. Achte hingegen nur darinnen, wenn ſie von der dritten Gattung der Formen ſind; und nach dem Maaße, daß die Formen größer ausfallen, verringert ſich die Zahl der Formen in einem Stoß; dergeſtalt, daß zwey Formen zu Lumpen, einen Stoß ausmachen.

Dieſe Formhaufen werden aufrechtſtehend in den Trog geſtellet. Hiezu wird der Haken Fig. 16. gebraucht, der die unterſte Form an den Rand anklammert, und in dem man mit der linken Hand die Spitze der oberſten Form hält, dieſen Stoß perpendicular niederſetzet, da denn hernach der Haken zurück gezogen wird. Es geſchiehet auch zuweilen, daß ein ſolcher Stoß auf den Grund des Trogs umfällt. Um ihn wieder aufzuhelfen, bedienet man ſich eines Ringes, der am Ende eines Stiels befeſtiget iſt. In dieſen Ring ſticht man die Spitze der letzten Form Fig. 17. und hebt auf dieſe Weiſe den Stoß wieder in die Höhe. Dieſes Inſtrument wird der Wiederaufrichter redreſſeur oder der Ring des Formentroges, l'anneau du bac-à-forme genannt.

Nachdem die Formen zwey bis drey Tage eingeweicht geſtanden haben, werden ſie eine nach der anderen aus dem Waſſer gezogen. Ein Knecht legt ſodann vor ſich auf das Brett des Troges, die eben ausgezogene Form, und waͤſcht dieſelbe hernach mit einem Lumpen, der von einem alten Filz genommen iſt, ſo wohl inwendig als auswendig tuͤchtig ab, und nach Maaße, daß er ſie abgewaſchen, ſtellet er ſie vor ſich auf das Brett, das ſpitzige Theil oben gekehret, damit ſie austräufeln. Alles dieſes iſt bey der 18 Fig. wahrzunehmen.

Da es öfters geſchiehet, daß einige Formen zerbrechen, und daß die Scherben auf den Boden des Troges fallen; ſo fiſchet man dieſe Scherben mit einem hohlen Karſt, der voller Löcher iſt, auf. Dieſer Karſt wird Scherbenzieher, tirepiece genannt Fig. 19.

Sobald die Formen gewaſchen und ausgeträufelt ſind, bringet man ſie auf den Handtiſch Fig. 20. woſelbſt ein Knecht ſie eine nach der anderen annimmt. Er fängt damit an, daß er einer jeden Forme einen Schlag, mit der flachen Seite eines kleinen ½ Zoll ſtarken, 3 Zoll breiten und 7 bis 8 Zoll langen Schlägels, giebt. Er erkennet ſodann

aus

Die Kunst des Zuckersiedens.

aus dem Klange, ob die Formen ganz und ohne Ritzen ſey; und im letzteren Fall ob die Ritzen tüchtig zuſammen gefügt, und mit Spänen und Reiſen verſehen ſind: wäre hieran ein Fehler vorgegangen, ſo ſetzet er eine ſolche Form zurück, ſondert ſie von den anderen ab, und bringet ſie hernach zu dem alten Knecht Fig. 8. Sind alle Formen geprüfet und tüchtig befunden worden, ſo nimmt der Knecht aus einem Eymer kleine linnene Streifen, die in Waſſer eingeweicht ſind, und macht daraus Stöpſel, die tappes genannt werden. Mit dieſen Stöpſeln verwahret er die Oefnungen an den Spitzen der Formen, und ſchlägt dieſelben mit der flachen Seite des Klöppels feſt. Dieſes wird die Formen zuſtöpſeln genannt. Durch dieſe Arbeit werden die Löcher, die am Obertheil der Formen befindlich, zugemacht, darum daß der Zucker, der noch warm hinein gethan wird, nicht in zu großer Menge ablaufe. Denn indem daß der Zucker in der Form kalt wird, ſchießet der Zucker an, und wenn hernach die Stöpſel ausgezogen werden, ſo läuft bloß der ſyrupigte Theil aus denſelben. Sind die Formen mit Stöpſeln verſehen worden; ſo bringet man ſie in eine Werkſtatt Fig. 21. die auch noch an der Erde gebauet iſt, und die der Füllungsort heißt Fig. 22. Hier haben wir vorher den gekochten Syrup gelaſſen, der in einer auf Rollen ſtehenden Pfanne eingeſchüttet iſt. Wir wollen alſo uns dahin verfügen, um die Arbeit wieder vorzunehmen, die darinnen vorgehet.

Beſchreibung des Füllungsortes und der Arbeit, die darinnen geſchiehet.

Es iſt angezeiget worden, daß man in den Becken VII Taf. Fig. 1. den geläuterten und geſottenen Zucker in eine oder zwey bewegliche Pfannen, Fig. 2. die in dem Füllungsorte ſtehen, einträgt. In dieſe Pfannen wird Zucker, der zu verſchiedenenmalen nach einander gekocht iſt, zuſammen geſchüttet, nach Maaße der Menge Zucker, die verarbeitet werden ſoll; und ſobald der erſtgekochte Zucker ausgeſchöpfet worden, rühret man den eben gebrachten Zucker ſehr ſtark um. Hiezu wird eine Spatel, die derjenigen ähnlich iſt, wovon wir oben geredet haben, wie die Art und Weiſe den Zucker zu läutern abgehandelt worden, (IV Taf. Fig. 12.) gebraucht. Die Würkung dieſes Umrührens iſt, dem Zucker die Fertigkeit zu geben, daß er deſto leichter anſchießen kann. Auch in der That zeiget ſich eine kleine Viertelſtunde nachher, über der Oberfläche des geſotenen Zuckers, der bis dahin bloß einer flüßigen Materie ähnlich geſehen, eine Kruſte, die ſo dick als ein klein Stück Geld ausfällt. Dieſe Kruſte iſt aus einer ungemein großen Menge von kleinen Körnern zuſammen geſetzt, die ſich mit einander vereinigen, und den ganzen Raum der Pfanne einnehmen. Sie wird hernach um etwas ſtärker, und enthält unten ſtärkere Körner als die, von welchen ſie zuſammen geſetzt iſt, und die in Anſehung ihrer Größe den Salzkörnern gleichen. Dergleichen Körner ſetzen ſich auch auf allen Seiten der Pfanne an, und unter der Kruſte, wovon eben die Rede geweſen iſt; auch auf den Boden fällt eine noch weit größere Menge dieser Körner. Ist nun ebenfalls, aber nachher, gesottener Zucker zu diesem hinzugeschüttet worden, so werden diese beyden Sude durch einander gerühret. In einigen Zuckersiederereyen rühret man bis zu drey und viermal den Zucker um, sobald frisch gesottener hinzugethan worden. Allemal während, daß anderer Zucker gesotten wird, entstehet eine neue Kruste über der Oberfläche des Zuckers, und das Herabfallen der Körner auf den Boden der Pfanne währet immer fort. Endlich so bringet man den auf zwey oder dreymal nachgekochten Zucker herzu. Wenn vielerley Zucker, nämlich der zu sechs oder sieben verschiedenenmalen zum Sieden eingeschüttet ist, zusammen gethan wird, ohne daß bey jeder Veränderung, wie gesagt, die Spatel gebrauchet, und der Zucker umgerühret wird; so begnüget man sich, den kürzlich gesottenen Zucker, dem vorher gekochten, sanft zuzuschütten: Alsdann bricht die Kruste nur auf einer Seite, weil man die flüßige Materie sehr langsam und schwach einlaufen läßt; und woher kommt, daß die Pfannen des Füllungsorts den Namen der Laufpfannen, chaudiéres à couler erhalten. Undessen werden die Krusten auf der Oberfläche des Zuckers immer stärker; die an den Seiten der Pfanne sich angesetzten Körner vermehren sich, und werden so groß wie die gewöhnlichen Salzkörner. Auf dem Boden der Pfanne setzen sich die Körner so häufig an, daß sie darauf dann und wann, zumal bey dem Zucker, der aus einer guten Materie gemachet ist, drey bis vier Finger hoch liegen. Von diesen vielen Körnern setzen sich Klumpen zusammen, die so groß als ein Ey werden.

Ist der letztgesottene Zucker eingegossen, so werden alle die Körner, die sich an den Wänden der Pfanne angesetzt haben, mit einer eisernen Spatel Fig. 3. abgekratzt; und hernach wird ein gleiches mit denen auf den Boden sich angesetzten Körnern vorgenommen. Alsobald werden mit vielen Fleiß die Körner und das von dem Zucker noch übrige flüßige Wesen, um und durch einander gerühret, und die Anstalten getroffen, alles in die Formen auszuleeren. Um diese Arbeit anzufangen, sorget man dafür, daß neben den Pfannen des Füllungsortes zwey Böcke Fig. 4. zu stehen kommen. Diese Böcke sind eine Art von Gerüste, von Tischerarbeit zusammen gesetzt, wovon das Holz drey Zoll ins Gevierte hat. Sie sind ohngefähr zwey Fuß hoch und 15 Zoll breit, und dienen die Becken aufzuhalten, während daß sie angefüllet werden. Dann und wann wird eine gepreßte bleyerne Tafel über den Bock angebracht, und sie macht von da eine Art von Geisertuch, der in die Pfanne einfällt, aus, um allen Zucker aufzufangen, der etwa verloren gehen wollte.

Mittlerweile daß der letzte Zucker auf dem Feuer stehet; werden die zugestopften Formen angebracht, und die Knechte setzen sie (Fig. 5.) ab, indem sie die Formen gerade in die Höhe, die Spitze unten gestellt, anordnen, wobey sie genau Acht haben, daß der breite Theil desselben, oder das Untertheil, ja recht blenrecht stehe. Drey Reihen werden vor einander hingesetzt. Nur zwey Reihen würden hingesetzt werden, wenn es Lumpen-

formen

Die Kunst des Zuckersiedens.

formen wären *); denn diejenigen Arbeiter, die das Becken zum Anfüllen tragen, müssen alle Formen füllen können, ohne unter die Formen zu treten; welches, da drey Reihen eine zu starke Breite verursachen würden, nicht geschehen könnte. Wenn drey Reihen mit Formen in der ganzen Länge des Füllungsorts angebracht worden sind, so bringet man drey andere Reihen zu Stande, die hernach angefüllt werden; und endlich, damit sie feste stehen und nicht umfallen können, stützet man sie mit zerbrochenen Formen, wovon der Boden unten angelegt wird; und wenn man die zwepte oder die dritte Reihe angesetzt, so werden die angestellten Stützen weggenommen, um sie gerade denen Formen über zu stellen, die eben aufgestellet werden, wie dieses auf der VII Taf. Figur 5. und 14. zu sehen ist.

Wenn die Böcke (Figur 4.) neben den Pfannen (A. Figur 2.) mit der Bleyplatte versehen, und eben darauf das Füllbecken, das wenig von den Becken unterschieden ist, und bloß daß sein oberer Rand keine Henkel hat, die nach inwendig zu eingehen, (Fig. 6) stehet. Ein Meisterknecht Fig. 2. oder sehr oft die Knechte, füllen alsdenn ihre Becken, und bringen sie bis zu den aufgestellten Formen, um sie darinnen auszuleeren. Dem sey wie ihm wolle, ein Arbeiter (Fig. 2.) schöpfet den Zucker mit einem großen Löffel aus, und füllet damit die Becken B. an. Nach der Maaße, daß sie voll worden, heben sie die Knechte bey ihren Henkeln auf, und helfen sich dabey mit dem Vordertheil von einer ihrer Lenden, gegen welche der Untertheil des Beckens sich lehnet (Fig. 7.). Von da stellen sie sich vor die ausgestellten Reihen der Formen, und lassen sodann den gesottenen noch flüßigen Zucker gelinde durch die Schneppe des Beckens auslaufen; und bey dieser ersten Arbeit füllen sie die Formen nur bis auf ihr viertes Theil. Sie füllen solche hernach wieder bis zur Hälfte an; hernach bey einer dritten Runde geschiehet es bis zum dritten Theil, und dann hören sie auf, wenn sie die Formen mit dem Satz der Pfannen, der viele Körner angesetzt hat, gänzlich voll machen. Dieses wiederholte Zugießen wird darum beobachtet, weil die Körner nach Maaße, daß der Syrup in der Pfanne kalt wird, anschießen; und daß also, wenn die Formen auf einmal voll gegossen würden, die ersteren gefüllten Formen weniger Körner empfiengen, als die letzteren.

Jedoch hat der Gebrauch, eine jede Form zu vier wiederholtenmalen anzufüllen, selten statt, als bey denen Zuckerhüten von 7 Pfund schwer, und wenn man von dem Zucker der beyden Pfannen des Füllungsorts nur eine Gattung von Zucker anfüllen will. Der gewöhnlichste Gebrauch, insonderheit für alle kleinen Formen, bis zu 4 Pfund schwer, ist, sie in zweymal anzufüllen. Zu Anfangs werden diese kleinen Formen, zum wenigsten auf ihr ¼ angefüllt; und man füllet sie hernach mit mehr körnigtern Zucker, der auf dem Boden der Pfanne ruhet, gänzlich an.

F 2 Ohnge-

*) Es ist ein Versehen, daß eine größere Zahl von Reihen bey der 7ten und 8ten Figur abgezeichnet worden ist.

Ohngeachtet dahin gesehen wird, die Formen während der Zeit, daß der gesottene Zucker noch sehr heiß ist, zu füllen: so fallen doch, wie ich es gesagt habe, angeschossene Körner auf den Boden der Pfanne. Man schabt sie mit einer Spatel (Fig. 3.) ab, bringet sie in die Mitte der Pfanne, schöpft sie mit dem großen Löffel aus, schüttet sie von da in die Becken, und die Knechte vollbringen mit diesen zum Theil angeschossenen Körnern, die sie gleichviel zu vertheilen wissen, das Anfüllen ihrer Formen.

Der Zucker muß in den Formen erkalten. Wenn diese Erkältung den nöthigen Grad erlanget hat, welches in unterschiedlichen Raffinerien nicht zugleich geschiehet, und wo man wissen will, daß die Güte des Zuckers viel von diesem Umstand abhänge, so setzet sich an der Oberfläche der Formen eine Kruste von lauter Körner. Alsdenn nehmen alle Arbeiter ein Geräthe zur Hand, welches sie ein Messer nennen. (VII Tafel Figur 9.) Dieses Messer ist ein Stück plattes und dünnes Holz von 3½ bis 4 Fuß lang nach der Maaße der Formen, 1¼ Zoll breit und in der Mitte fünf Linien stark. Diese Stärke vermindert sich an beyden Enden und stellet eine stumpfe Schneide vor. Das oberste Ende desselben ist in einer Länge von 6 bis 7 Zoll rund gemacht, woraus der Griff entstehet. Mit diesem Messer werden die Körner des Zuckers gleichsam zerquetscht, wie es der Arbeiter Fig. 9. zeiget. Dieses Messer wird perpendicular in die Form eingestochen; kurz darauf gänzlich heraus gezogen, und wieder von neuen eingestochen. Dieses wird zu dreyenmalen um den ganzen Umfang der Form wiederholet; und zwar so, wie es sogleich umständlicher beschrieben werden soll. Wenn indeß diese Arbeit geschehen ist, so bleiben die Formen noch während einer halben bis ¾ Stunde, nachdem es die Größe derselben erfordert, zum ferneren Erkälten stehen; wenn denn endlich über der Oberfläche der Formen eine neue Kruste, die der Arbeiter stark genug beurtheilet und vorher diese Beurtheilung untersucht, indem er einen Finger auf die Kruste drückt, entstanden; so muß er umrühren; welche Arbeit ebenfalls mit dem Messer geschiehet; und bloß eine Wiederholung der vorhergehenden ist, die loßmachen, opaler, genannt wird.

Die Knechte zerbrechen die Krusten mit dem Zuckermesser, wornach sie das Messer bis auf den Grund der Forme einstoßen. Sie ziehen es hernach so weit heraus, bis sie gewahr werden, daß das Ende des Messers aus dem Syrup heraus gezogen ist; alsdann lassen sie die flache Seite des Messers inwendig in der Form rund umher gehen, um allen Zucker abzulösen, und damit nicht eine einzige Stelle in der runden Hölung der Forme sey, woran sich der Zucker noch fest halte; dieses zu verhüten geschiehet es, daß diese Handlung dreymal wiederholet wird.

Dieses Rühren muß nicht zu lange ausgesetzet werden, denn wenn die Körner des Zuckers sich erst zusammen gesetzt, und angefangen hätten eine Masse auszumachen, so würde das Messer, das die Körner zerbricht, dem Zucker großen Nachtheil verursachen; und zwar daher, weil sich in der Masse der Körner Furchen hervor thun würden, die, indem sie Syrup in sich fassen, die Festigkeit des Zuckers an diesem Orte hindern, mithin

Die Kunst des Zuckersiedens.

hin der Zucker nicht gleich fest bliebe, sondern verursachen würde, daß das thonigte Wasser nicht durch den Hut rinnen könne.

Den andern Tag früh morgens werden die Formen auf die Böden oder hohen Kammern durch Fallthüren, die auf den verschiedenen Etagen sind, gebracht. Wenn die Zuckerhüte klein sind, so reichen sie die Arbeiter, weil die Böden der Zuckersiedereyen niedrig sind, sich mit ihren Händen zu: sind aber die Hüte groß, so bedienen sie sich, um die Formen und die Töpfe aufzustellen, einer Maschine, die sie eine Wulst (bourelet) nennen. (Fig. 10.) Es ist auch würklich eine Wulst von Stricken, die von vier dünnen Seilen in die Höhe gehalten wird, und da sie oben an einem Haken zusammen gehet, die Gestalt einer Wagschale annimmt. Es ist leicht zu erachten, daß wenn die Forme in diese Wulst gestellet werden, diese sehr gerade gehalten wird. Sodann wird dieselbe, durch den Strick der nach dem Haken zugehet, und an dem ein Kloben angebracht ist, auf das Steckwerk, worauf sie gesetzt werden soll, gemächlich aufgezogen. Wenn schwere Körper, als zum Beyspiel Erde, aufgezogen werden müssen, so bedienet man sich einer kleinen Wanne (Fig. 11.) woran zwey Henkel sind, die mit zwey Haken (Fig. 12.) angeklammert werden; oder auch eines Emmers, der nur einen Henkel hat, und woran ein einziger Haken (Nro. 13.) fest gemacht wird, wie es auf der IV. Taf. Fig. 23. und auf der VIII. und IX. Taf. Fig. 1. zu sehen ist. Die Verbindung der verschiedenen Steckwerke durch die Fallthüren ist bequem, und hilft sehr zum Fortkommen, wenn Syrup, Erde u. s. w. auf und herunter gebracht werden soll. Nichts destoweniger gebrauchet man den Syrup herunter zu schaffen, eine Dachrinne oder andere Rinne; wovon wir hernach reden werden.

Von der Arbeit die auf den Böden vorgehet.

Anfänglich lässet man den allerflüßigsten Syrup von selbst abfliessen. Der Ort, wo der Zucker zuerst diesen Syrup verlieret, wird der Stückboden (le Grenier aux piéces) genannt. (VIII. Taf.) Während der Zeit, daß dieses langsam, und von selbst vorgehet, kehren die Knechte zurück in die untere Werkstatt, um die Erde zu bereiten. Nach dieser Verrichtung wird die bereitete Erde auf die Böden gebracht, um auf jedem Boden der Form eine Erdendecke machen zu können. Endlich machet man mit den Zuckerhüten einige Vorbereitungen, damit dieselben auf die Darre gebracht werden können. Diese verschiedenen Arbeiten sollen allesammt in so vielen Artickeln abgehandelt werden. Nur so viel will ich anmerken, daß in einigen Zuckersiedereyen, wo die Bequemlichkeit zu finden ist, man die großen Stücke, als die Lumpen sind, einige Tage lang ihren Syrup an einem warmen Ort verlauffen läßt, bis daß sie tüchtig geworden, eine Decke anzunehmen; wornach sie denn angenommen werden, um sie anzusetzen, und ohne Hitze zu regieren, bis daß sie wieder aufgedeckt werden können; nach diesem werden sie wieder wie vorhin an einen heißen Ort gebracht, damit sie desto geschwinder den übrigen bey sich haben.

habenden Syrup von sich geben mögen. Dieses hin und hertragen hat indeß keine Statt bey dem rafinirten Zucker; dieser bleibet gemeiniglich so lange in der Stückkammer, worinnen er, so bald er den Füllungsort verlassen, eingebracht worden, bis daß er von da auf die Darre kommet.

Von dem Stückboden. (Grenier aux Piéces.)

Wenn die Zuckerhüte, jeder in seiner Form, auf den Boden gebracht worden sind, wird aus einer jeden Forme der Stöpsel, der die Defnung der Spitze zuhielt, ausgezogen; und damit der Syrup desto besser austräufeln könne, bohret man die Spitze des Zuckerhutes mit einem Pfriemen, der einen hölzernen Stiel hat, durch. Dieser Pfriemen heißet eine Ahl (aléne). (VIII. Taf. Fig. 2.) Gleich hernach stürzet man jede Form, mit der Spitze unten gekehrt, auf einen Topf, der mit ihrer Größe im Verhältniß stehet, wie ich schon oben davon gehandelt habe. Was nach dieser Handlung sodann an den Zuckerhüten wahrgenommen wird, ist sehr merkwürdig. Kaum stehen die Formen, wie eben gesagt, auf ihre Töpfe, so fängt der Syrup an auszuträufeln. Die ersten Tropfen, die daraus fließen, wirken auf den untern Theil des Zuckerhuts eine leichte Veränderung der Farbe. Bis dahin war der ganze Boden röthlich; in diesem Augenblick nimmt er weiße Flecke an. Nach der Maaße, daß in der Folge der Syrup nach und nach austräufelt, vermehret sich die weiße Farbe, und nach Verlauf von 8 10 bis 12 Stunden hat er, wenn es feiner Zucker ist, eine lichtgelbe Farbe, die sehr ins weiße fällt, angenommen. (Dieses Weiß ist jedoch sehr verschieden von derjenigen Weiße, die der Zucker unter den erdenen Deckel annehmen wird.) In vorbeschriebenen Umständen lässet man die Formen einige Tage stehen, während dieser Zeit sie die Töpfe, worauf sie ruhen, fast ganz voll von Syrup geträufelt haben. Dieses austräufeln vermindert inzwischen keinesweges die Größe des Zuckerhutes; der vor wie nach, als wenn kein Tropfen Syrup daraus gekommen wäre, die Form gänzlich anfüllet. Sein Gewicht hat indeß merklich abgenommen; weil alle der Syrup, der daraus gelaufen, genau alle Zwischenraume zwischen den Körnern, die den Hut ausmachen, anfüllte; und dieser alsdann einen ganz ungemein porösen Körper ausmachet.

Durch diese erste Handlung, die bloß das Werk der Natur zu seyn scheinet, entstehet demnach eine Scheidung zweyer sehr verschiedener Substanzen. Einer Seits bleibe das wesentliche Salz, das man Zucker nennet, in der Forme; erhält einen dauerhaften Zustand wie ein trockenes Korn, gereiniget, von einer blanken Farbe, und von einer flüßigen Materie befreyet, die dasselbe umgab, und zwar so sehr, daß es gleichsam mit dieser Materie vereiniget zu seyn schien. Auf der andern Seite, läuft in einen Topf eine dicke, klebrigte, röthliche, flüßigte Materie, die (durch die Arbeit die man mit derselbigen vornimmt um Lumpen daraus zu machen, wie die Folge zeigen wird) nun auch ein von der Materie, woraus sie enstanden, an Güte weit entferntetes Salz abgeben kann.

Die

Die Kunst des Zuckersiedens.

Die Kunst des Zuckersieders offenbaret sich wenig bey dieser ersten Handlung; denn es scheinet als habe derselbe nur durch die Entfernung des Stöpsels, der in der Spitze der Form befindlich war, Theil daran. Indeß kann man sagen, daß diese Handlung keine gute Folge haben kann, als durch die Geschicklichkeit des Zuckersieders, oder wenigstens durch den Fleiß desjenigen der den Zucker gesotten hat. Es ist nothwendig, daß man in den gekochten Zucker genug Wasser lasse, damit die klebrigte Materie die man Syrup nennet, sich leicht aus den Zwischenräumen des Zuckers absondere; und daß im Gegentheil darauf gesehen werde, daß er nicht zu viel Wasser behalte, weil sonst die Menge des Syrups zu groß seyn würde, und die Körner, die den Hut ausmachen, einen ungestalten Körper durch die Größe der krystalligten Theile, die nicht mehr an einander gefuget bleiben könnten, hervor brächten, und woran auch die Größe der inwendigen Erweiterungen Theil hätte.

Der am flüßigsten, am allerfettesten seyende Syrup, und der am wenigsten geschickt ist Körner zu geben, läuft demnach von selbst in den Topf. Sodann sind die Formen, ohne eine Ordnung beobachtet zu haben, auf die Böden gesetzt. (VIII. Tafel. Fig. 3.) Sie bleiben in einem solchen Zustande ohngefehr acht Tage, wenn die Formen so groß sind, daß sie Zucker von der 4ten oder 6ten Gattung geben. Da aber der Farinzucker sich leichter, als der braune rohe Zucker, von dem Syrup reiniget, und da der Syrup leichter ausfließt, wenn die Luft heiß und feuchte, als wenn sie kalt und trocken ist: so ist es wohl gethan, einige Hüte aus ihren Formen zu ziehen, um zu untersuchen in welchem Zustande die Körner sind; weil es gefährlich ist die Zuckerhüte zu lange in denen Formen, ohne ihnen die erdene Decke zu geben, stehen zu lassen. Die Körner würden, wenn dieses zu lange ausgesetzt bliebe, so hart werden, daß sie nicht aus den Formen zu bringen wären, und der gehärtete Syrup der mit den Körnern ebenfalls hart geworden, würde diese schwerlich verlassen oder wenigstens müßte das Wasser, das aus dem erdenen Deckel hervor käme, um den Syrup wegzuspülen, die größte Menge der Körner zerschmelzen.

Wenn viel Zucker auf einmal gemacht worden, so ist der Boden gänzlich mit Formen, die auf ihren Töpfen stehen, angefüllt. Bloß an einem Ende desselben, hat man einen leeren Raum gelassen, der vermögend ist 120 bis 150 Töpfe in sich zu fassen. Dieser Raum ist zu dem Verwechseln, das gleich beschrieben werden soll, nöthig.

Erläuterung des Umsetzens (Changer).

Die beynahe voll gewordenen Töpfe würden endlich überlaufen, wenn sie nicht ausgeleeret würden. Außerdem ist es nützlich die verschiedenen Syruppe von einander abgesondert zu halten; denn der erste ist fetter und nicht so gut als derjenige, der nachfolgt. Es müssen demnach die Töpfe, die den ersten Syrup angenommen haben, in größere Töpfe ausgeleeret werden (VIII. Taf. Fig. 4.) Sie bleiben darinnen eine Zeitlang, damit
sie

sie austräufeln können, binnen welcher Zeit die Formen auf andere leere Töpfe gestellet werden; und diese Arbeit wird Umsetzen genannt.

Erklärung des Abschabens.

Wenn alle Töpfe, die auf dem Boden stehen, umgesetzt worden sind, so schreitet man zu der Arbeit, die man abschaben oder abkratzen nennet. Zu diesem Ende nimmt man die Formen von ihren Töpfen ab, und stellet sie auf die Schabekiste (Fig. 5.) und zwar so, wie es die 6te Figur zeigt, dergestalt, daß das breite Ende auf einem der Queer-Hölzer dieser Kiste ruhet, die zwey Fuß lang, 16 Zoll breit, und 9 Zoll tief ist; wornach mit einem Messer rund um den Fuß des Zuckerhuts eingeschnitten wird, um denselben von den inwendigen Theilen der Form abzulösen, und daß der Zucker, den das Messer abschneidet, in die Kiste fallen könne.

Nach der Maaße, daß diese Handlung mit den Formen vorgegangen ist, setzet man sie, das breite Ende unten, auf Bretter die auf die Formen auf ihren Töpfen ruhend, (Fig. 7.) gestellt sind. In dieser Stellung bleiben sie eine halbe oder ¼ Stunde, ehe sie aus ihren Formen gezogen werden.

Ich habe bereits erwehnt, daß es vortheilhaft sey, die Zuckerhüte aus ihren Formen zu ziehen, ehe sie zu trocken geworden wären, um zu verhüten, daß sie nicht ein gar zu starkes Aneinanderhangen mit der Form erlangen. Um diesem Uebel zuvorzukommen, schabet man, um den Grund des Zuckerhutes losizumachen, der, weil er beständig oben gestanden hat, am meisten abtrocknen können, und mithin fester an der Form klebt, als der spitzige Theil desselben. Jeder Hut Zucker wird, ehe daß er ausgezogen wird, eine halbe oder ¼ Stunde in einer umgeworfenen Stellung gehalten, damit der Syrup der sich in der Spitze versammlet hat, und der solche sehr weich gemacht, wieder in den Körper des Hutes, der zu hart geworden seyn könnte, zurück falle; durch diese Handlung bringet man es dahin, daß alle Hüte eine ohngefehr gleiche Festigkeit erhalten; die dazu hilft, daß sie leichter aus den Formen gehen.

Wie die Hüte aus ihren Formen gezogen werden.

Die abgeschabten und umgekehrten Formen, die wie oben beschrieben behandelt sind, werden eine nach der andern auf einen Block (Fig. 8.) gebracht; um die Hüte daraus zu ziehen. Um dieses zu bewirken, stellet man die platte Hand unter den breiten Theil des Hutes; die Forme wird zu verschiedenen malen, aber gelinde, mit ihrem Rand auf den Block gestoßen; und wenn man fühlet, daß der Zucker die Form verläßt, hebe man diese mit der rechten Hand in die Höhe; sodann bleibt der Hut auf der linken Hand stehen. In dieser Lage wird er betrachtet in was für Umständen er ist, und ob er gleich glatt in der ganzen Länge seiner Form geworden. Wenn der Zucker eine Perlenfarbe hat, und wenn die Spitze, wohin der Syrup sich versammlet, nicht zu braun ist, so urtheilet man, daß der Zucker tüchtig rafiniret worden, wird man im Gegentheil einige auf gelbröth-

Die Kunst des Zuckerſiedens.

röthlich oder ſchwärzlich abzielende Zeichen gewahr, ſo iſt es ausgemacht, daß der Zucker fett iſt; und daß, um dieſe Flecke mit Erde abzuführen, ein groſſer Abſatz verurſachet werden muß. Sobald die Zuckerhüte beſichtiget worden ſind, werden ſie mit ihren Formen wieder zugedecket, und auf das andere Ende des Bodens hingebracht, wo ſie, das ſpitzige Theil unten, auf ihre Töpfe reihenweiſe geſtellt werden. Dieſe Reihen gehen über den Boden (Fig. 9.) und ſie beſtehen aus 12 Formen die neben einander geſtellet ſind, wenn die Formen Zucker von der zweyten oder dritten Gattung enthalten. Sind aber die Hüte von der 4ten Gattung, ſo kommen nur 10 Formen; und nur 8 dergleichen, wenn es Hüte von der 7ten Gattung ſind. Die Urſache, warum nur eine gewiſſe Breite den Reihen gegeben wird, iſt dieſe, damit man die Mitte derſelben erreichen könne. Zwiſchen einer jeden Reihe wird alſo ein Fußſteig von drey Fuß breit gelaſſen; und ein ähnlicher Fußſteig bleibt in der ganzen Länge des Bodens offen, wie es die VIII. Taf. Fig. 9 und 10 anzeigt.

Wenn alle Hüte aufgeſtellt, und in Reihen geordnet worden ſind, macht man den Boden an dieſelbigen, ſo wie ich es zeigen werde, wenn ich vorher von der Art und Weiſe, den weißen Zucker zu Staub zu verwandeln, der hiezu gebraucht wird, gehandelt habe.

Art und Weiſe den Zucker klein zu ſtoßen.

Es erfordert die Nothdurſt weißen Zucker auf den Boden der Hüte zu bringen, wie ich es gleich darthun werde: wenn alſo kein weißer Farinzucker, der auf den Inſeln rafinirt und zu Staub gemacht worden, vorräthig iſt, muß man zerſtümmelte Zuckerhüte, die ſonſt tüchtig rafiniret ſind, zu Staub ſtoßen. Dieſes geſchiehet jedoch ſelten, weil der weiße Farinzucker, der von den Inſeln, und insbeſondere von St. Domingo kömmt, ſehr weiß iſt; inzwiſchen muß man ſehr aufmerkſam bey der Wahl des Farinzuckers ſeyn, der weniger oder mehr weiß iſt, nach Maaße des Ortes wo man die Hüte zerſchlagen hat; weil ohngeachtet alles Fleißes, den man angewendet haben mögte den rohen Saft zu läutern, verſchiedene Vermiſchungen von der Spitze bis an den Fuß eines ſolchen Hutes zu finden ſind, und die Wirkung der Erde in den großen Formen, die auf den Inſeln im Gebrauche ſind, nicht gleich iſt; woraus folgt, daß es verſchiedene Gattungen von Farinzucker geben müſſe, und es ſoll dennoch die beſte Gattung ſeyn, die zum Boden der Hüte gebraucht werden ſoll. Da aber dieſer Farinzucker auf den Inſeln nur grob geſtoſſen worden, wo man ſich begnüget den Zucker nur hinlänglich zu zerquetſchen, damit er in die Kiſten gehe, ſo iſt man genöthiget ihn von neuen in einem Mörſer zu zerſtoßen. Zu dieſem Ende hat man einen großen Mörſer (II. Taf. Fig. 12.) der aus einem großen Baum, von 14 bis 15 Fuß lang, und 15 bis 18 Zoll ins Gevierte, ausgegraben iſt. Wenn die Kiſte ihren Boden verlohren hat, ſtürzet man ſie auf dieſen Mörſel, und läſſet nach und nach den Zucker, den ſie enthält, einfallen, wenn man ſie mit einem Haken (Fig. 14.) zurück ziehet. Die Arbeiter, die längſt dem Mörſel angeſtellt ſind, haben eine Keule

G (Fig.

(Fig. 15.) in ihren Händen, womit sie den Zucker klein stoßen. Hernach sammlet man ihn mit einer Schaufel (Fig. 8.) auf, um ihn nach und nach auf ein von eisernen Drath geflochtenes Sieb (Fig. 13.) zu werfen; das auf einen Trog (Fig. 16.) gestellet ist. Derjenige Zucker, der nicht durch das Sieb hat fallen können, wird alsdann zurück in den Mörser geworfen, und von neuen zerstoßen. Da das eiserne Sieb große Löcher hat, so ist der dadurch gesiebte Zucker nicht sehr fein; es würde also besser und weniger umständlicher seyn, weit engere, oder feinere Siebe anzuschaffen.

Der Platz wo der Zucker zerstoßen wird, ist unten an der Erde neben dem Füllungsort. Um also den klein gestoßenen Zucker auf die Böden zu bringen, wirft man denselben in eine Wanne mit Henkeln, und ziehet ihn durch die Fallthüren auf, wie die VIII. Taf. Fig. 1. zeiget.

Art und Weise den Boden zu machen.

Um dem Zucker einen Boden zu geben, sammlet man mit einer Mauerkelle (VIII. Taf. Fig. 11.) allen Zucker auf, der in die Schabekiste (Fig. 5. und 6.) gefallen ist. Diesen schüttet man, nebst den aus dem Mörser heraufgebrachten Staubzucker, in einen Eymer, und fängt an mit dieser nämlichen Mauerkelle (Fig. 11.) diejenige Lücke auszufüllen, die auf dem Boden einer jeden Forme zu sehen ist, bis auf einen halben Zoll unter dem Rand derselben; weil dieser Raum nöthig ist, die Erde darum anzubringen. Man glättet tüchtig diese Lage von Zucker, und schlägt sie mit der Mauerkelle fest an.

Es ist leicht zu begreifen, daß der ausgetränkelte Syrup oben an der Forme eine Lücke zurück gelassen habe, und daß diese Lücke sich noch mehr vermehret haben müsse, nachdem der Zuckerhut abgeschabt worden; zumal wenn man gewahr wird, daß auf dem Boden desselben sich Syrup angesetzt habe, der braune Flecken zuwege bringt. Um diese Lücke wieder auszufüllen, wird der gestoßene rafinirte Zucker hinzugethan. Man gebrauche davon ohngefehr 100 Pfund um den Boden an 1500 Pfund Hutzucker auszumachen. Gebrauchte man dazu noch flüßigen rafinirten und gekochten Zucker, so würde der Syrup sich lößösen, und den Zucker weich und gelb machen, da im Gegentheil der Puderzucker, der keinen Syrup mehr von sich laßen kann, keinen Abfall oder Schaden zuwege bringen wird. Allein diese Lage von Puderzucker muß wohl geglättet und angetrieben werden, sonst würde das Wasser, das durch die Erde sickern oder rinnen wird, die man über diesen Boden anlegt, in die Oefnungen eindringen, den Zucker darinnen zerschmelzen und gewiß Traufen oder Rinnen hervorbringen.

Wenn der Zuckerboden gemacht ist, wird er mit Erde bedeckt; ehe ich aber von dieser Arbeit rede, werde ich die Bereitung der Erde beschreiben.

Die Kunst des Zuckersiedens.

Abhandlung von der Erde, und ihrer Bereitung, die auf die Formen gebracht wird.

Wenn man in einer chymischen Werkstatt dahin gelanget ist, das Salz in der Mitte einer sehr fetten Mutterlauge anschießen zu lassen, so sind diese crystallisirten Salztheile, die in der Mutterlauge eingeprägt sind, gelb. Um sie hell zu machen, lässet man sie waschen, daß heißt, es wird eine große Menge frisches Wasser darüber gegossen, daß man in dem nämlichen Augenblick wieder abschüttel, damit es die eingeprägte Mutterlauge abwasche, ohne daß dadurch die crystalligten Theile geschmolzen oder weich gemacht werden, die durch diese Wäsche weit mehr durchsichtiger geworden. Die nämliche Vorkehrung nimmt man auch in den Zuckersiedereyen zur Hand, die Körner zu reinigen, und sie von dem Syrup zu befreyen, der ihnen ihre Weiße und ihre Durchsichtigkeit nimmt. Allein man gebraucht sie auf eine geschickte Weise. Der Zucker der in der Form ist, wird mit einer in Wasser durchgeweichten Erde bedecket. Diese Erde lässet nach und nach das Wasser von sich. Dieses Wasser ziehet sich nach und nach durch den ganzen Hut; löset den Syrup auf, nimmt denselben mit sich, und der Zucker bleibt weiß. Wenige Erden sind zu diesem Gebrauch dienlich. Diejenige die in Frankreich dazu gebraucht wird, kommt sammt und sonders aus den Gegenden von Rouen *) und Saumur. Es ist nicht zu zweifeln, daß man in anderen Gegenden eine gleiche Art von Erde antreffen wird, wenn man die Mühe nehmen wollte sie aufzusuchen. Sie muß weiß seyn, damit sie den Zucker nicht färbe; außerdem auch fein, klar und ohne Mischung von Sand und Steinen; noch mehr, diese Erde muß auch fett anzufühlen, teigicht und unauflößlich in vielen Betracht seyn. Sie gleichet der Thonerde, doch mit der Ausnahme, daß die Thonerde das beym Kneten hinzugeschüttete Wasser in sich behält, da im Gegentheil die Erde, von welcher hier die Rede ist, das Wasser nach und nach verlieret. Wenn man von dieser eingeweichten Erde etwas durch einen Filz austräufeln lässet, so giebt sie zum Theil ihr Wasser durch das Austräufeln von sich, da im Gegentheil die Feuchtigkeit der Thonerde durch nichts als Dampf und Ausdünstung verfliegt, demnach kommt die Güte der Erde die man zu dem Zucker gebraucht, auf folgende drey Beschaffenheiten an, 1) daß sie das Wasser worinnen sie aufgelöset wird, nicht färbe, 2) daß dieselbe auf eine gelinde und unvermerkte Art filtriret, und 3) daß sie nicht häufig das Fett des Zuckers in sich sauge.

Die Erden, die das Wasser färben, worinnen sie gewaschen werden, könnten ihre Farbe den Körnern mittheilen, die sie durchdringen.

Die fette und starke Erde, die das Wasser womit sie durchgefeuchtet worden, nicht wieder von sich giebt, oder die dasselbe gegen die Oberfläche zurück treibt, woselbst es durch Ausdünstung verfliegt, ist nicht tauglich bey dem Zucker gebraucht zu werden; weil

G 2 die

---

*) Ich glaube daß die Erde, die von Rouen kommt, diejenige ist, von welcher die Pfeiffen gemacht werden.

die gute Wirkung der Erde, die man gebrauchen kann, in dem Durchdringen bestehet, das den Zucker gleichsam auswäschet.

Die sehr sandigten Erden, die ihr eingesogenes Wasser zu leicht verfliegen lassen, würden eine Art von Quelle in den Zuckerhüten zuwege bringen; oder doch wenigstens einen großen Abfall des Zuckers verursachen.

Endlich die Erden, die das Fett einsaugen, und es nicht leichte verlassen, würden nicht zum zweytenmale dienen können; welches einen Verlust zuwege bringt, dem man mit guter Erde vorbeuget; weil diese beständig dienet, ohne vielen Abgang zu verspüren.

Diejenige Erde, die von Rouen kommt, empfängt man in Kugeln wie die Seifkugeln. Diejenige aber die von Saumur geschickt wird, wird gemeiniglich in Fässern versandt.

Sie wird aus den Gefäßen durch Hülfe einer Spitzhaue oder Karste gebracht (VIII. Taf. Fig. 12.) Um sie zuzurichten, wird sie in den Erdentrog (Fig. 13.) mit der Schaufel geworfen, dieser Trog hat wenigstens 5. Fuß im Diameter, und 4. Fuß Höhe. In der Mitte der Höhe ist ein Spundloch, das man mit einem Stöpfel zumacht. Wenn der Trog bis zur Hälfte voll Erde ist, so füllet man ihn gänzlich mit reinen Wasser an. Alsdann steigt ein Arbeiter auf ein Brett (a. b.) das auf den Trog gelegt ist, und rühret das Wasser und die Erde mit einem über Kreuz eingestielten Instrument (Fig. 14. oder Fig. 13.) sehr stark um. Dieses Instrument wird der Trogstecher genannt. Wenn die Erde sich zu Boden gesetzt, und das Wasser klar geworden ist, so ziehet man den Stöpfel des Trogs ab, damit das Wasser abfließen könne; wornach wieder frisches Wasser aufgeschüttet, und der Stöpfel wieder aufgesteckt wird. Der Trogstecher muß sodann seine Dienste wieder thun; und die Erde bleibt unangerühret eine Zeitlang stehen, bis daß sie wieder von dem Wasser, das die Erde ausgewaschen hat, befreyet worden. Hernach wird neuerdings frisches Wasser hinzugegossen, welches anfrischen genennet wird. Wenn man das Wasser in der Erde faul werden ließe, so entstünde gewiß ein übler Geruch, der sich dem Zucker einverleiben würde. Diese Arbeit wird während acht Tagen wiederholet. Wenn das Wasser keine Spur von gelber oder grüner Farbe mehr von sich giebt, und wenn sie keinen erdenen Geschmack von sich giebt, da sie durch Hülfe des Trogstechers, bey dem letzteren Anfrischen, ein Brey geworden ist; so lässet man größtentheils das Wasser abfließen, und zwar so weit, bis daß nur über der Erde eine Oberfläche von drey bis vier Zoll hoch bleibt. Alsdann nehmen drey bis vier Arbeiter die Krücken (Fig. 15.) und rühren die Erde mit der zurückgelassenen Oberfläche des Wassers um; und zu diesem Ende machen sie mit ihren Krücken eben die Bewegungen, die die Ruderknechte ihren Rudern geben. Wenn die Oberfläche wohl durchgefeuchtet ist, so setzet man auf einen Klotz einen Eymer, der mit eisernen Reifen versehen ist, und durch Hülfe eines Löffels thut man in diesen Eymer diejenige Lage von Erde, die sehr weich geworden; der so angefüllet nach dem Durchschlag (Fig. 16.) gebracht wird, der eine starke kupferne

Pauke

Die Kunst des Zuckersiedens.

Pauche (Fig. 17.) ausmacht, zwey Fuß im Diameter hat, und voller Löcher ist, die eine oder anderthalb Linien im Diameter haben. Dieser Durchschlag ist auf eine Wanne (Fig. 16.) gestellt und durch vier starke hölzerne Stützen (a, b, c, d,) die mit einander vereiniget sind, unterhalten (Fig. 17.). In dem Mittelpunkt dieses Durchschlages liegt ein Besen, wovon der Stiel durch ein Loch, das in ein Brett gemacht ist, ganz gemächlich durchgehet, damit derselbe vertical unterhalten werde. Der mit Erde gefüllte Eymer wird in den Durchschlag ausgeleeret, und da ein Arbeiter den Besen im Zirkel beweget, wie es die 16 Figur zeigt, so wird die Erde durch die Löcher des Durchschlages und in den Trog gebracht. Während dieser Arbeit fahren die übrigen Arbeiter fort ihre Krücken in den andern Trog (Fig. 13.) arbeiten zu lassen; und nach Verlauf einer gewissen Zeit, wird eine andere Lage von Erde abgenommen, und zum Durchschlag gebracht; welches so lange, als noch Erde in dem Trog vorhanden ist, wiederholet wird. Wenn die Erde durch den Durchschlag gebracht worden, so ist sie bereitet, und man ist sodann versichert, daß alle Theile der Erden aufgelöset sind, und daß sie zum Dienst tauglich gemacht ist.

Die erdenen Kuchen von alter Erde, die man von den Formen abgenommen hat, und die im Schatten abgetrocknet werden, müssen eben so, wie die frische Erde, wieder durchgearbeitet seyn, damit sie wieder den nämlichen Dienst thun können. Sie werden auch gemeiniglich für besser als die neuen gehalten; weil man wissen will, daß sie wenigern Abfall verursachen.

Diese also bereitete Erde wird in Wannen oder Eymer gethan, und auf die Böden durch die Fallthüren gebracht, wie man es Fig. 1. wahrnimmt. Lasset uns sie auf den Boden begleiten, damit wir die Decke der Zuckerhüte machen sehen.

Beschreibung, wie die Böden der Zuckerhüte mit Erde verwahret werden.

Wenn der Grund an den Hüten gemacht ist, und die Formen reihenweise (Fig. 9 oder 10), wie es weiter eben beschrieben worden, aufgestellet sind, so werden sie mit einer Lage von Erde bedeckt. Zu diesem Ende, wenn die Erde auf den Boden gebracht ist, nimmt ein Knecht (Fig. 10) einen kleinen kupfernen Löffel (Fig. 18) zur Hand, der ohngefähr ein Maaß halten kann, und worauf eine Höhlung genietet, worinnen ein hölzerner Stiel, ohngefähr drey Fuß lang, angebracht wird.

Die Festigkeit der Erde muß dergestalt seyn, daß, wenn man darinnen eine kleine Furche, von ohngefähr einem Zoll tief, anbringe, diese nur nach und nach ganz zugehe, daß also diese Erde einem Brey gänzlich ähnlich sey.

Einige Knechte (Fig. 10) nehmen ihre kleinen Löffel, und mit diesem Instrumente schöpfen sie Erde aus dem Eymer, die sie auf dem Grund des Zuckerhutes ausdehnen.

Da mehrere Erde zu den großen Formen als zu den kleinen gehöret, so theilet man die Größe der Löffel nach der Maße der Formen ein.

Nach dem, was oben von dieser Arbeit gesaget worden, begreift man, daß die Würkung der Erde darinnen bestehe, ihr in sich fassendes Wasser nach und nach von sich zu geben, um den Zucker gleichsam zu waschen. Es folgt daraus, daß wenn man diese Decke zu stark anlegt, die Menge von Wasser, die daraus in den Zucker laufen würde, viele Körner zerschmelzen möchte, und mithin ein ansehnlicher Abfall entstände. Dieserhalb ist es gut, die Stärke dieser Decken nach der Güte des Zuckers einzurichten; so daß der feine Zucker eine dünnere Decke erhält, als derjenige, der mit dickem Syrup belastet ist. Außer diesem sind die Erdenkuchen, wenn sie ihr Wasser von sich gegeben haben, drey, vier oder fünf Linien stark.

Damit die Erde hinlänglich auf den Zucker würke, muß sie nicht aufbrausen, oder große Wasserblasen hervor bringen, und ganz keinen Geruch von sich geben. Auch muß man dahin sehen, daß sie so wenig durch den Wind als durch die Sonne abtrockne, denn ihr Wasser muß die Hüte durchziehen; dieserhalb müssen alle Zuglöcher des Bodens sorgfältig zugestopft werden.

Nach Verlauf von zwey bis drey Stunden zeiget es sich, ob der Grund schlecht gerathen ist. Denn wenn die Erde an einigen Stellen aufritzt, so ist es ein Zeichen, daß, da das Wasser an einem Orte einen freyern Durchzug als bey den übrigen erhalten, es sich einen Weg gebahnet habe, der eine Rinne zuwege bringen könnte, wenn man nicht diesem Uebel zuvorkäme, den erdenen Deckel aufnähme, und Puderzucker in den Ritz eintriebe; doch dieser Vorfall ist nicht leicht zu befürchten, und entstehet selten.

Diese erste Decke von Erde lässet man auf den Hüten abtrocknen, welches 8 bis 10 Tage dauret, nach dem daß die Luft weniger oder mehr trocken ist. Wird man gewahr, daß die Erde alles ihr Wasser verloren hat, so öfnet man die Fenster, damit sie abtrockne, und sich desto leichter von den Hüten ablöse.

Um nun diese Decke abzunehmen, schneidet man mit einem Messer rund um die Forme ein, und hebt sie sodann aus; welches ganz leicht angehet, im Fall die Erde recht trocken geworden ist. Hernach schabet man mit einem Messer die Ecken der Erde, die sich an dem Zucker festgesetzt hatten, ab, und lässet die daran hengenbleibende Zuckertheilchen in eine Kiste fallen. Die Erdenkuchen selbst hingegen wirft man in Körbe, (Fig. 19.) um sie im Schatten abtrocknen zu lassen. Nachher werden sie wiederum in verschiedenem frischen Wasser gewaschen, und man bereitet sie abermals so, wie ich es vorher erzählet habe.

Das Untertheil der Zuckerhüte wird auch alsdann mit einer Bürste abgekehret. Dieser Abfall fällt in die nämliche Kiste, worinnen der von der Erde abgeschabte Zucker eingeworfen worden. Diese Bürste (Fig. 20.) nimmt einen schwarzen Staub weg, der sich an dem Zucker angesetzt hatte. Nach dieser Verrichtung ziehet man einige Hüte aus ihren Formen (Fig. 8.) um die Würkung, die von der Erde entstanden ist, zu untersuchen.

Der

Der Grund der Hüte ist alsdann gemeiniglich weiß genug; allein ihre Spitzen enthalten noch Syrup. Um sie nun gänzlich davon zu befreyen, wird ein neuer Boden von Puderzucker aufgestreuet, worüber denn, eben wie zuerst, eine zweyte Decke von Erde fest gemacht wird; die auch, wie verhin beschrieben worden, abtrocknen muß, wobey alle Zuglöcher oder Fensterladen zubleiben, damit der Zug die Erde nicht austrockne. Hat aber die Erde ihre Wirkung zuwege gebracht; so ist es nöthig die Fensterladen zu öfnen, damit sie ein wenig abtrocknen könne, um desto leichter herunter gebracht zu werden, sobald eine dritte Decke angebracht werden soll.

Gemeiniglich kriegen die Hüte von der zweyten und dritten Gattung zwey frische erdene Decken; die hingegen von der 4ten und 7ten Gattung drey dergleichen; daß es also ein seltener Fall ist, wenn vier neue Decken angebracht werden. Selbst die großen Zuckerhüte, die von rohen Zucker gemacht worden sind, werden selten mehr als dreymal mit frischer Erde bedeckt; denn überhaupt muß man die Erde nicht zu stark bey dem feinen Zucker, der aus weißen Farinzucker gemacht ist, anbringen. Um allen Ausfall zu vermeiden, so erfrischet man die festsitzende Erde mit ein wenig frischer, im Fall es sich beym Ausziehen aus der Forme zeigen sollte, daß röthliche Flecke oder ein anderer Eindruck des Syrups an der Spitze vorhanden wäre; doch muß hiebey die alte Decke so wenig abgehoben, als eine neue angebracht werden.

Wenn man gewahr wird, daß der Zucker in der Forme wenig gesunken ist, so kann man befürchten, daß der Syrup nicht hinlänglich ausgeträufelt sey. Um nun hiebey gewiß zu gehen, löset man die Erde rund um die Forme mit dem Messer ab, und wirft sie auf ein dünnes hölzernes Pritschbrett (Fig. 21.) um, das rund und breiter als der Grund der Forme ist. Nach diesem ziehet man einige Hüte aus ihren Formen, und untersuchet, ob keine röthliche oder Syrupsflecke an der Spitze sind. Finden sich einige daran, so werden die Hüte wieder in die Formen gethan, die Erde wieder darauf gelegt; und mit einem dünnen sich biegenden hölzernen Messer (Fig. 22.) das auf seiner Fläche krumm ist, knetet man diejenige Erde, die am meisten trocken geworden, um alle Ritzen, die sich darin aufgeworfen haben, zuzuschmieren, damit sie mit der Forme wieder zusammen halte. Oben darüber wird eine Lage von frischer Erde so angebracht, als wenn man zum andernmale erfrischte. Der erste Zusatz von Erde, oder nach der Kunstsprache die erste Erfrischung, die ein paar Tage nachher, da die ganze Decke aufgelegt worden, geschehen ist, wird nicht aufgeborsten seyn; dieserhalb ist man nicht verbunden dieselbe mit dem hölzernen Messer (Fig. 22.) wieder auszubessern. Wenn aber die Erde von der Forme losgegangen und geborsten seyn sollte, so muß man das eben erwähnte Mittel zur Hand nehmen, und sie ausbessern. Ohne diese Vorsorge würde das Wasser, das die frische Erde bey sich führet, durch die Ritzen sickern, und den Fuß des Zuckers beschädigen, anstatt daß sie die alte Erde durchfeuchten sollte.

Wenn beym Ausziehen der Hüte aus ihren Formen, der Zucker hübsch glatt und rein, auch an der Spitze gut befunden wird, so werden die Formen von ihren Töpfen umge-

umgesetzt, nach Art der Zuckersieder zu reden, diese von dem darinnen befindlichen Syrup entledigten Hüte, ohne die Ordnung der Reihen zu beobachten, auf den Boden hingesetzt. Nachdem dieses geschehen, nimmt man einen Hut nach dem andern, um die Erdendecke abzunehmen, die wie gesagt in Körbe gelegt werden. Ich habe bereits gesagt, was hernach damit vorgenommen wird. Wenn dieses auch geschehen ist, nimmt man ein Messer, das wie ein kleines Küchenmesser gestaltet ist, zur Hand, und schabet damit die Erde ab, die etwan an der Forme sitzen geblieben ist, und dieser Abfall wird in obige Körbe gethan. Alsdann wird der Zucker ausgezogen, und wenn sich die Hüte schön weiß zeigen, so thut man sie wieder in ihre Formen und kehret alsdann den Grund des Hutes mit einer Bürste ab, hält aber die Forme über eine Kiste, damit der sich loslösende Zucker nicht verloren gehen möge. Diese Bürste (Fig. 20.) ist rund, hat lange Haare und ohngefähr vier Zoll im Diameter. Die Haare haben diese nämliche Länge. Der Handgriff, der perpendicular über der Bürste angebracht ist, hat fünf Zoll in der Länge, und ist oben durchbohrt, wodurch ein Band gezogen wird, welches der Knecht, der nach dem Zucker sieht, an seiner Hand hängen hat, damit er diese Bürste beständig bey der Hand habe.

Die fleckigt befundenen Hüte werden allein hingestellt, damit sie hernach mit Erde erfrischet und wieder zugeschmieret werden können, oder wohl gar eine neue Erdendecke erhalten, welches aber allemal einen ansehnlichen Abfall für den Eigenthümer zuwege bringt. Dieserhalb werden diejenigen Hüte, welche bloß an der Spitze einen kleinen Flecken haben, und die, die man von der zweyten Gattung nennet, wieder in ihre Formen gebracht, mit ihrem Erdendeckel bedeckt, und ohne anzufrischen abgebürstet. Dieses Mittel ist gemeiniglich hinlänglich, um den kleinen Fleck durch das wenige Wasser, das in dem Hut befindlich, zu vertreiben. Dieses Wasser spület den wenigen Syrup, der den Fleck verursachet, mit sich ab. Man kann indeß nicht umhin, einen neuen Zuckergrund und einen frischen Erdendeckel denen Hüten zuzugeben, an welchen merkliche Flecke wahrgenommen werden. Diese nennet man Ausschuß. Wenn dieser Ausschuß nicht gar zu mangelhaft wäre, so würde es genug seyn, bey demselben alle Fugen in dem erdenen Deckel zuzuschmieren, und diese Erde anzufrischen, ohne daß man genöthiget wäre einen neuen Grund anzubringen.

Wenn die Spitzen der Hüte alle Flecke verloren haben, und mithin rein von Syrup sind, so wäre zu wünschen, daß sie ein wenig abgetrocknet wären; denn weil alle Feuchtigkeit des ganzen Hutes nach der Spitze hingedrungen, so fällt in die Töpfe eine Menge klarer Syrup, der aus lauter in Wasser aufgelößtem Zucker bestehet, der aus dem ganzen Hute austräufelt. Dieses ist ein Verlust für den Eigenthümer: und da ein Theil der Körner, die die Spitze ausmachen, geschmolzen ist, so wird dieser Theil des Hutes kisieget, und über dieses, da die Körner weniger zusammen gebracht sind, so hat der Zucker nicht die gehörige Weiße behalten. Auch dieses ist noch nicht aller Schade; diese sehr erweichten Spitzen bleiben gemeiniglich in den Formen stecken, und in diesem Fall,

anstatt

Die Kunst des Zuckersiedens.

anstatt daß man Kaufmannsgut zu haben gedenket, hat man mangelhafte zerbrochene Hüte. Um dieses Uebel abzuwehren, müssen die Hüte umgekehret werden, damit die Feuchtigkeit in den Fuß zurückgehe. Es wird demnach unter den Fuß, der abgebürstet werden muß, ein Stück blau Papier über ein Schild von dünnem Holze (Fig. 23) gelegt, und man kehret den Hut wieder um, ohne ihn aus seiner Form zu nehmen. Endlich legt man das hölzerne Schild auf, das den Fuß oder den Grund auf dem Topf bedecket, wie es die 23 Figur zeigt, alsdann steigt das Wasser *) nach dem stärkeren Theile des Hutes, und die Spitze wird dadurch etwas fester. Allein man muß wohl Acht haben, daß der Grund dadurch nicht zu sehr erweichet werde, denn sonst kann der ganze Hut in sich selbst versinken. Es ist wahr, daß dagegen den Boden eine zwey queer Finger dicke Lage von Puderzucker angebracht ist, dieser, weil er hinlänglich trocken geworden, gemeiniglich härter bleibt als alles Uebrige. Dieses versichert zu seyn, schabet man mit dem Nagel etwas davon ab; und wenn es sich denn zeiget, daß auch dieser Theil zu sehr erweichet worden ist, so muß die Forme wieder mit der Spitze unterwärts gekehret werden, damit man zuvorkomme, daß der Boden nicht unter der Last des ganzen Hutes sinken möge; ohngeachtet das hölzerne Schild sehr vieles zu Verhütung dieses Ungemachs beyträgt.

Wenn vermöge dieser Vorkehrungen, diese mangelhaften Hüte eine gewisse Festigkeit angenommen haben, so werden sie aus ihren Formen gezogen, und nackend auf ihren Fuß auf den Boden hingestellet, auf welchem vorher Linnen ausgebreitet ist, (IX Taf. Fig. 2) damit sie vorher, ehe sie auf die Darre kommen, ein wenig austrocknen können. Bey diesen Umständen ist das feuchte Wetter sehr schädlich, und verursachet dann und wann, daß, wann der Fuß der Hüte zu weich geworden, diese Hüte abermals in die Formen zum umstürzen gethan werden müssen. Im Winter werden die eisernen Steinkohlenpfannen angezündet, und die Glutbecken auf den Boden vertheilet; (VIII Taf. Fig. 24) und des Sommers öfnet man die Fenster, damit der Wind die Zuckerhüte abtrockne.

Ich sage daß die Pfannen angebrannt werden, welches zum vorausgesetzet, daß man weiß, daß es Pfannen giebt, wovon die sehr breiten Röhren die ganze Etage des Bodens durchziehen. In diesen Pfannen werden Steinkohlen gebrannt; die eine sanfte Wärme unterhalten; die während des Winters nöthig ist; denn weil die Kälte der Flüssigkeit des Syrups hinderlich wird, so kann dieser nur mit mehrerer Mühe sich von den Körnern absondern. Die temperirte Wärme muß auch darum unterhalten werden, damit die erdenen Decken nicht an den Formen oder an dem Zucker anfrieren.

In

---

*) Das aus der Erde laufende Wasser, nimmt, wie wir gesagt haben, den Syrup mit sich; allein es macht den Zucker nicht weiß, der nicht hinlänglich geläutert worden. Ein zu gemeinen Zucker rafinirter Zucker, wird niemals die Weiße erlangen, die dem Königs- und dem allerfeinsten Zucker eigen ist.

In Ansehung der Glutbecken, die Feuerkasten (Fig. 24.) genannt werden, ist anzumerken, daß sie aus einem Kasten, der von starken unverzinnten Blech gemacht ist, der fünf und zwanzig Zoll im Diameter hat, bestehen, und auf einen eisernen Dreyfuß gesetzet werden. In diese Feuerkasten werden Holzkohlen gelegt, und wenn diese Kohlen angebrannt worden sind, so decket man eine blecherne Kappe, die voller Löcher ist, oder eine Feuerdecke darüber, die die Gestalt eines ausgehölten Kegels, und an dem abgeschnittenen Theil, der 11 Zoll im Diameter ist, einen Handgriff hat, damit die Feuerschäden sorgfältig vermieden werden. Dergleichen Feuerbecken werden an den Ort ausgesetzt, wo man nöthig findet die Hitze zu vermehren.

Beschreibung der Darre.

Wenn der Zucker hinlänglich abgetrocknet ist, wie ich es schon gezeiget habe, so wird er auf die Darre gebracht. Diese ist eine Art von einem vierectigten Gebäude, das inwendig von a bis b (Fig. 3.) 18 Fuß und von b bis c zehn Fuß hat (siehe die X Tafel). Die Mauern dieses Gebäudes werden stark genug, als von zwey bis $2\frac{1}{4}$ Fuß, gemacht, damit die Hitze nicht verfliegen könne. Die Thüre c muß nicht mehr als $5\frac{1}{4}$ Fuß Höhe, und nicht mehr als 26 Zoll in der Fläche der Mauerdicke haben. Es ist gut, daß die Flächen der Mauerdicke inwendig und auswendig Falzen haben, um doppelte Luftlöcher darinnen anzubringen; eines das von außen, das andere aber von innen aufgehet, um destomehr die Hitze zu erhalten. Eine von den Mauern dieses Gebäudes ist noch bey Q mit einer Oefnung versehen, um darinnen die Oefnung des Stubenofens oder Pfanne, den man einen Kuffer (Coffre) nennet, und worinnen Feuer gelegt wird, anzubringen. Dieser Kuffer ist von gegossenen Eisen, von g bis e, 30 Zoll lang, von g bis h, 22 Zoll breit, und von i bis k, 24 Zoll hoch (Fig. 1.) das Eisen muß zwey gute Zoll stark seyn. Von sechs Seiten, die den Kuffer ausmachen, sind viere von Eisen, und aus einem Stück gegossen; zwey aber offen, nämlich die von dem Ende g. h. (Fig. 3.) und die von unten i. l. Diejenige vom Ende g. h. tritt drey bis vier Zoll in die Mauer, wo sie genau mit Ziegelstücken und guten Mörtel befestiget ist. Das leere Untertheil ist auf einen starken eisernen Rost gestellet, worauf die Steinkohlen und das Feuer gelegt werden. Unter diesem Rost ist ein großes Aschenloch E, (Fig. 1.) wovon die Oefnung unter dem Ofen, und von nämlicher Größe wie der Ofen ist. Inwendig in der Darre und ganz um den Kuffer, gehet bis auf 6 Zoll eine kleine Mauer von Ziegeln in die Höhe, die ein Fußgesimse vorstellet, und dazu dienet, den Rauch aufzuhalten, und zu verhindern, daß er nicht in die Darre ziehe. An dem Vordertheil des Ofens ist eine mit eisernen Stangen verwahrte Thür, die mit einem Schubriegel von geschlagenem Eisen zugemacht wird. Diese Thür hat 13 bis 14 Zoll Oefnung.

Der Fußboden inwendig in der Darre ist mit Steinen ausgelegt. Die Höhe von dem Obertheile der steinernen Einfassung der Thüre bis zur oberen Decke, theilet sich in
sechs

Die Kunst des Zuckersiedens.

sechs Theile durch zwey Reihen kleiner Balken f. (Fig. 1.), von drey bis vier Zoll ins Gevierte, und die mit ihren Enden in die Mauern, als ein Ende in der Mauer, wo der Ofen stehet, und das andere Ende in der gegenüberstehenden Seite, eingefugt sind. Diese Balken und Schwellen sind mit L in der 3ten Figur bemerket. Die beyden Balken M sind abgeschnitten, und ruhen mit einem Ende auf einem Stichbalken G, dergestalt daß in der Mitte eine leere Fläche m. n. o. p. (Fig. 3.) bleibe, die von m bis n 5½ Fuß, und von n bis p 7 Fuß Raum habe. Dieser leere Raum erstrecket sich durch die ganze Höhe der Darre.

An den Schwellen werden Gitterstangen fest genagelt, die man latten nennet. Diese latten sind einen guten Zoll breit und zwey Zoll stark. Sie müssen mit einem Schlichthobel glatt, und von sehr trocknen Eichenholz gemacht seyn. Auf diese latten werden die Zuckerhüte auf allen Stockwerken angebracht, von über der Thüre an, bis unter die Decke der Darre; welches sechs Stockwerk ausmachen, dergestalt daß von dem Obertheil einer latte, bis zum Untertheil der Schwelle einer andern latte, 21 Zoll Raum sey. Das leere, so in der Mitte der Darre gelassen wird, dienet die Vereinigung eines Stockwerkes mit dem anderen zu bewürken, um die Zuckerhüte darauf zu setzen. Da aber die Darre gemeiniglich in einem von den Gebäuden der Zuckersiederey angebracht ist, so lässet man darinnen verschiedene Oefnungen, die in einer gewissen Höhe mit dem Boden des Gebäudes, wovon die Decke bey der Höhe K K ist, im Zusammenhange sind, welches eine große Bequemlichkeit ist, die Hüte auf und aus der Darre zu bringen. Diese Oefnungen sind genau durch gute Fensterladen verwahret. Vornehmlich muß ein solches Fenster in dem Behältnisse angebracht seyn, worinnen die Hüte in Papier gemacht und mit Bindfaden versehen werden, damit aller Zucker hiedurch aus der Darre gebracht werden könne, wie es auf der IX Taf. Fig. 3. zu sehen ist. Da es sich zutragen könnte, daß die über dem Kuffer stehenden Zuckerhüte, wegen der daselbst befindlichen starken Hitze, zerbrechen oder zerschmelzen möchten, so muß man, um dieser Unordnung, die die ganze Darre in Brand setzen könnte, vorzubeugen, über dem Kuffer oder Ofen, eine Platte von gegossenen Eisen, 6 linien stark (II. Fig. 1.), auf einem eisernen Bock getragen, anbringen. Diese Platte, die noch besser seyn würde, wenn sie grösser als der Ofen wäre, hindert, daß die große Gewalt des Feuers nicht gleich auf die Hüte falle, die auf dem untersten Stockwerk und unmittelbar über dem Ofen stehen; und zugleich hält sie die abgefallenen Stücke Zucker auf, die sonst, wenn sie auf den Ofen fielen, ganz verbrannt würden.

Das Obertheil der Darre in der Höhe N, ist vermittelst einer starken Decke zugemacht, woran Oefnungen von zwey Fuß ins Gevierte A. (Fig. 2.) angebracht sind, die man mit einer Fallthüre zumachen kann.

Wenn die Darre anfängt zu arbeiten, und wenn viele Ausdünstungen verfliegen, so lässet man die Fallthüren unmittelbar aufstehen. Allein nachher werden einige wieder zugemacht, damit die Hitze destomehr beysammen bleibe.

In einer wohlangeordneten Rafinerie ist es nöthig, zwey Darren zu haben; weil die großen Zuckerhüte nicht so leicht zu trocknen sind als die kleinen. Hat man also zwey Darren, so kann man nur einerley Gattung in einer derselben aussetzen, welches eine gute Sache ist.

Die Thüren der beyden Darren sind in einer Art von Austritt oder Verschlag M. eingefaßt, damit sie nicht, wenn man verbunden ist die Thüren aufzumachen, erkältet werden mögen.

Art und Weise, den Zucker auf die Darre zu bringen.

Wenn die Zuckerhüte ihr bey sich führendes Wasser auf den Grund fallen lassen, und wenn die Spitzen kein Zeichen einer Umwölkung von sich geben, stellet man neben den Hüten, die wir auf dem Fußboden des Bodens gelassen haben, (siehe IX Taf. Fig. 2.) ein Gestelle hin, dieses Gestelle wird auf den einen Fuß (Fig. 6.) gesetzt, und auf den andern, der in die Höhe stehet, legt man ein Brett, worauf der Knecht (Fig. 4.) sechs Hüte setzt, wie es bey der 6ten Figur zu sehen ist, wenn es nämlich von der zweyten oder von der dritten Gattung des Zuckers ist, den man zur Darre bringen will. Zwey Hüte werden hingegen nur auf dieses Brett gesetzt, wenn er von der vierten oder siebenten Gattung ist; zuweilen wird von der letzteren Gattung nur ein einziger nach und nach angebracht; wenn man eine Hand unter den Hut leget, und mit der anderen gegen der Mitte seiner Länge denselben gerade hält.

Da die Zuckerhüte nothwendig noch sehr zart sind, so müssen sie mit Geschicklichkeit gehandhabet werden; denn sonst läuft man Gefahr sie zu zerbrechen. Wenn einige davon in zwey Stücke brechen, wie die 5te Figur zeiget, so setzet man die beyden Stücke genau an einander, und die Hitze der Darre löthet gleichsam diese Stücke wieder zusammen. Allein diese geflickten Hüte geben keinen Klang von sich, wenn sie aus der Darre kommen, und man an sie schlägt. Einige Hüte werden dergestalt schadhaft, daß sie nicht wieder auszubessern sind; dieserhalb ist man gezwungen sie entweder zu verkaufen oder wiederum in die Pfanne zu werfen.

Wenn die Zuckerhüte auf die Darre gebracht sind, so empfangen sie die auf den Brettern stehenden Arbeiter einen nach dem andern, und reichen sie sich einander zu, um sie auf die Latten hinzusetzen, wie es durch das Fenster (Fig. 3.) zu sehen ist. Wenn alle Stockwerke der Darre mit 7 bis 800 Hüten besetzt sind, so wird das Feuer angezündet, das aber mit Mäßigung regieret werden muß. Die ersten Tage wird nur ein sehr leichtes Feuer gemacht, welches unvermerkt stärker werden muß. Die Sorge das Feuer zu regieren, muß man Niemanden als einem vernünftigen und in dieser Arbeit erfahrnen Mann anvertrauen: denn es geschiehet oft, daß man schönen weißen Zucker auf die Darre gebracht hat; der, weil das Feuer schlecht regieret, und die ersten Tage zu heftig angeleget worden, sehr grau und unansehnlich aus der Darre kommt.

Wenn

Die Kunst des Zuckersiedens.

Wenn bey einer großen Hitze im Sommer einige Hüte der Sonne an einem Ort frey gestellet würden, wo kein Staub zu spüren wäre; so würden diese Hüte durch die länge der Zeit abtrocknen; weil die Sonne, in schönen Sommertagen, das Thermometer bis zu 60 Grad in die Höhe treibe, und hingegen öfters die Hitze in der Darre nicht 55 Grad ausmacht; sie würden dadurch auch sonst sehr weiß werden. Allein dieses Mittel, das an einigen Hüten versucht worden, ist bey der Menge nicht anzubringen, daher man nothwendiger Weise seine Zuflucht zur Darre nehmen muß. In den Darren anfänglich ein gemäßigtes Feuer anzulegen, ist sehr nothwendig; denn man weiß aus der Erfahrung, daß eine sanfte Wärme den Zucker trocknet; hingegen eine heftige Hitze denselben röthlich macht.

Es geschiehet zuweilen, daß die Oberfläche der aus der Darre kommenden Hüte, ungleich und höckrigt ist. Dieses ist ein Fehler, der nicht durch die Hitze der Darre entstanden ist. Wenn man die Hüte eingebracht hat, so sind sie das, was sie immer seyn werden. Der Fehler entstehet demnach daher, wenn ein Hut entweder zu schlecht oder zu kalt umgekehret worden, oder aber auch, wenn er zu früh aus seiner Form gezogen ist.

Wenn die Darre gleich anfänglich zu heftig geheißet werden, so spüret man, daß die eine Seite der Hüte ein wenig röthlich wird, oder daß hie und da einige rothe Flecke zu finden sind. Dieses nennet man nach der Kunstsprache, eine Wirkung der Darre. (des coups d'étuve). Endlich, so entstehet auch ein anderes Uebel das man Niederdrücken (souler) nennet. Dieses geschiehet, wenn die noch zu feuchte in die Darre gebrachten Hüte, eine zu lebhafte Hitze aushalten müssen, welche sie zwingt sich auf einander zu legen, und die Theile, womit sie sich berühren, an einander zu löten. Wenn im Gegentheil die Darre nach und nach geheitzet wird, so verwandelt sich diese Feuchtigkeit in Dunst, der unvermerkt verfliegt, daß also die Hüte glatt, weiß, und hellklingend aus der Darre gebracht werden können.

Das Feuer wird gradweise angefacht; und zwar bis daß ein reaumurischer Thermometer beynahe den 30sten Grad über der Null erhalten hat.

Die Hüte bleiben kurz oder lange in der Darre, nachdem sie stark sind. Die gewöhnliche Zeit, die sie darinnen zubringen, ist 8 Tage; weitgefehlt, daß man glauben möchte, eine längere Frist möchte den Hüten schaden, so kann man versichert seyn, daß ein Vortheil daraus entstünde. Nichts destoweniger, wenn die Versendung des Zuckers keinen Aufschub leidet; so macht man bey der Darre, um des Nachts frische Kohlen in den Ofen zu schütten. Gemeiniglich begnüget man sich diese Verbesserung des Abends vorzunehmen; und da die Arbeit in den Zuckersiedereyen des Morgens bey guter Zeit ihren Anfang nimmt, so wird die Darre wenig kalt werden, wenn man auch schon des Nachts keine frischen Kohlen aufgeschüttet hat.

Will man wissen, ob der Zucker genug abgetrocknet ist; so nimmt man einen Hut aus der Darre, und schlägt ihn mit dem Messer und Schlägel a. b. durch, wie es die ste Fig. zeigt. Wenn hernach diese beyden Stücke von einander gesondert sind, so drücket man den Nagel in die Achse des Hutes. Widerstehet er, so urtheilet man, daß der Zucker hinlänglich trocken geworden; giebt er aber nach, so dienet dieses Nachgeben zum Beweiß, daß er noch länger in der Darre bleiben muß.

Der Zucker darf nicht plötzlich aus der Darre gebracht werden, die Hüte springen sonst an vielen Stellen auf, wie das Glas und das Porcellain zu thun gewohnet ist, wenn man es zu geschwind erkälten läßt. Diese so aufgerißten Hüte würden keinen Klang von sich hören lassen, welches ihren Werth vermindert, ohngeachtet der Zucker wirklich sehr gut ist. Nichts destoweniger kann man mit Recht verlangen, daß die Hüte hellklingend seyn sollen, denn es ist ein Beweiß, daß sie inwendig auch tüchtig ausgetrocknet sind. Diejenigen, die noch Feuchtigkeit in sich fassen, können, wenn man sie anschlägt, keinen Klang von sich geben. Man öfnet demnach die Luftlöcher und die Thüren der Darre, damit die Hitze verfliegen könne; und wenn die Darre zum Theil kalt geworden ist, so stellen sich einige Arbeiter auf die auf der Schwellen ruhenden Bretter, die die Stockwerke ausmachen, und nehmen die Hüte weg, die sie sich einander zureichen. Derjenige, der sich bey einer der Thüren befindet, stellet sie auf ein Brett hin, so wie es geschehen ist, zur Zeit da die Hüte in die Darre gebracht wurden. Andere Knechte tragen sie auf diesen Brettern (Fig. 7.) in das Behältniß, worinnen sie in Papier und Bindfaden gewickelt werden. So viel möglich ist, wird diese Kammer so angelegt, daß entweder eine Thür der Darre ihr gegen über oder wenigstens sehr nahe sey; und in diesem Fall reichen sich die Arbeiter, die in der Darre sind, die Hüte einander zu, und bringen sie sämmtlich durch diese Thüre in vorerwähntes Behältniß oder Kammer.

In verschiedenen Rafinerien setzet man die Zuckerhüte nicht auf Bretter, um sie damit aus der Darre in die Kammer zu bringen; sondern die Knechte, die außen vor der Darre stehen, empfangen die Hüte mit ihren Händen, und legen sie in ihren linken Arm, auf welchem sie einen Bogen grau Papier ausgebreitet haben. Gemeiniglich beladen sie sich mit sechs Hüten, wenn sie von der 2ten Gattung sind; viere hingegen finden sie zu einer Tracht genug zu seyn, wenn der Zucker von der dritten Gattung ist, und solchergestalt verringern sie die Zahl der Hüte nach der Maaße, daß sie schwereres Gewichte ausmachen.

Beschreibung der Kammer, worinnen der Zucker in Papier gewickelt wird; wie auch der Arbeit die darinnen vorgehet.

Die aus der Darre gebrachten Hüte, bringet man in die Kammer, die nach der Kunstsprache den Namen einer Faltekammer, (Chambre à plier) annimmt. Hier werden die Hüte sachte auf Tische, die mit einer tuchenen Decke (Fig. 8.) versehen sind, niedergesetzt. Verschiedene Knechte stellen sich vor diese Tische. Ein jeder unter ihnen nimmt einen Hut zur Hand, und untersucht ob nichts mangelhaftes daran zu finden

sey;

Die Kunst des Zuckersiedens. 63

sey, als z. E. ein kleiner Bruch, einen rothen Fleck u. s. w. Diejenigen, die ohne Tadel sind, werden weiß (blancs) genannt, und man wickelt sie in Papier und Bindfaden, ohne daran ein Zeichen zu machen. Diejenigen, die einen von den erwähnten Mängeln an sich haben, werden zwar auch mit Papier und Bindfaden versehen, allein um sie den Kaufleuten kenntbar zu machen, schlägt man eine Spitze des Papieres, das um das Obertheil des Hutes gewickelt ist, um. Wenn die Brüche an der Spitze, oder an dem Untertheil des Hutes groß sind, so setzet man diese so beschädigten Hüte zurück, und man verkauft sie als Ausschuß, ohne Papier und Bindfaden. Wenn der Fleck an der Spitze des Hutes, der von der Gewalt des Feuers entstanden, sehr groß oder sehr röthlich ausfiele, so schlägt man diesen Theil ab, und der übergebliebne Theil muß mit unter den Ausschuß gerechnet werden. Auf folgende Weise wird der Zucker in Papier gewickelt.

Ein Arbeiter legt vor sich einen Bogen blau Papier (a. b. c. d. Fig. 9.) hin. Auf diesen Bogen Papier legt er einen Hut, der denselben mit der Spitze auf die Hälfte seiner Länge übertritt, dergestalt, daß der Fuß des Hutes in der Mitte des Bogens zu liegen kommt. Hernach nimmt er den Winkel a, und bringt, indem er den Hut einwickelt, denselben gegen e. den Winkel b. legt er gegen f. denjenigen Theil des Papieres, der über den Hut austritt, drückt er an, um ihn näher an den Fuß des Hutes zu bringen, und nachdem er auf gleiche Art die beyden Seiten angedrücket hat, so stößt er das Untertheil des Hutes auf den Tisch, um alle Falten im Papiere glatt und eben zu machen. Dieses verrichtet der Knecht von der 8ten Fig. Es bleibt sodann nichts übrig als die Spitze mit einer Papierdeute zu bedecken (Fig. 10.) Dieses zu bewerkstelligen, legt er in einer diagonalen Lage einen halben Bogen blau Papier vor sich hin, und über denselben einen halben Bogen weiß Papier, um zu verhindern, daß die Farbe des Papiers den Zucker nicht fleckig machen könne. Sodann legt er die Spitze des Hutes, dessen Untertheil bereits eingewickelt ist, auf einen der Winkel des Papieres, und rollet erst den Winkel h, hernach den anderen k, um den Hut, welches eine Deute ausmachet, die die Spitze des Kegels einschließt. Oben drehet er die Deute zusammen, und giebt hernach einen Schlag mit der flatten Hand darauf, damit dieser Theil niedergedrücket werde, wie es die 11te Figur zeigt.

Um den Bindfaden umzuschnüren (Fig. 12.) wickelt der Knecht das Ende desselben um den Zeigefinger seiner rechten Hand, mit welcher er die Spitze des Hutes anfaßt, und denselben ein wenig schief hält. In dieser Stellung fähret er mit der linken Hand unter den Fuß desselben, und bringet von da den Bindfaden mit der nämlichen Hand nach der Spitze zu. Wenn dieses geschehen, so bindet er den Bindfaden wiederum um den Hut, und zwar kreuzweise, da denn endlich das andere Ende mit dem Ende, das er um den Finger gewickelt hält, zusammen geknüpft und eingerollt wird. Wenn auf diese Weise die Hüte Papier und Bindfaden erhalten haben, so sind sie in den Umständen an die Kaufleute abgeliefert zu werden. Mittler weile werden sie, eine jede Gattung vor sich, in Kästen (Fig. 13.) gelegt. Ohngeachtet die Gewölber trocken genug sind, so

werden

werden die Hüte ein wenig schwerer als sie waren, da sie aus der Darre gebracht wurden. Die Krämer verwahren ihren Zucker in niedrigen Behältnissen, die feuchte genug sind, um den Zucker schwerer zu machen, und sich einigen Vortheil am Gewichte zu verschaffen.

Der sogenannte Königszucker wird wie der andere in Papier gewickelt, doch mit der Ausnahme, daß er in sein violettes Papier eingebunden wird, und daß man inwendig durchaus weißes Papier einlegt.

Die Zuckersieder kaufen das Papier Rießweise von den Papiermachern, und die Zuckersiedereyen sind an der Errichtung verschiedener Papiermühlen Schuld, die eine große Menge von Arbeitern unterhalten; welches in den Provinzen, wo sie errichtet sind, einen großen Nutzen schafft.

Ich glaube, daß man den Zucker darum in blau Papier einwickelte, weil diese Farbe den Zucker weißer in die Augen fallend macht. Es geschiehet zuweilen, daß bey dem Transport oder der Versendung des Zuckers, die blaue Farbe sich auf demselben abreibt; um diesem Uebel vorzubeugen, und um die Weiße des Zuckers zu schonen, geschiehet es, daß weißes Papier über das blaue, vornehmlich an der Spitze des Hutes, gelegt wird. Denn bekanntermaaßen untersucht man die Güte des Zuckers an der Spitze, wenn man solchen kauft. Außerdem, da das Papier und der Bindfaden mit dem Zucker gewogen und verkauft wird; so würde man unrecht handeln, wenn man eins von beyden sparen wollte.

Wenn der Preis des Zuckers berichtiget ist, so setzet man auf eine große Wagschale, die wir im Kleinen (Fig. 14.) vorgestellet haben, einen großen Korb, der mit Zuckerhüten angefüllet wird, um sie auf einmal wägen zu können. Nachdem dieses geschehen, legt man sie in große Fässer (Fig. 15.) aus. Dieserhalb tritt ein Knecht in das Faß, worinnen er die Hüte ganz nahe an einander auf den Boden desselben, auf ihre breite Seite, ausstellet, und auf diese Weise die erste Lage voll macht. Bey der zweyten Lage kehret er die Spitzen unterwärts, und tritt auf ihre breite Seite, damit die Hüte recht fest einer an dem anderen halten. Wenn das Faß ohngefähr bis auf ⅔ voll geworden ist, so steigt der Knecht aus demselbigen heraus, tritt auf die Erde, und nachdem er auf einen Fußschemel gestiegen ist, vollendet er auf die eben beschriebene Art die ganze Ladung des Fasses. Nichts destoweniger, wenn das Faß keine drey Lagen von Hüten, die breite Seite unterwärts gestelle, in sich fassen kann, welches in der Kunstsprache drey Höhen, (trois hauteurs) heißet, so legt man die dritte Lage flach. Dieses Niederlegen nennen die Zuckersieder, eine Rosette machen (faire une rosette). Wenn das Faß gefüllet ist, treibt man den Deckel ein, und nagelt einen Reif in die Fugen desselben; sodann kann der Zucker zu Wasser und Lande, an den Ort seiner Bestimmung verfahren werden.

Abhand-

Die Kunst des Zuckersiedens.

Abhandlung von dem Schaum, und von der Art den Syrup daraus zu ziehen.

Ich habe gesagt, wie ich von der Läuterung des Zuckers redete, daß man den Schaum in eine Wanne oder bewegliche Pfanne schüttete, und ich habe hinzugesetzt, daß dieser Schaum vielen guten Syrup bey sich führte, und viele Körner hergäbe. Es giebt Zuckersieder die ihren Schaum nicht kochen, oder nach der Kunstsprache, nicht in die Enge bringen, bis daß sie eine hinlängliche Menge davon gesammlet haben. Allein andere bringen ihn in die Enge nach der Maaße, daß sie welchen haben; und bedienen sich dazu einer zu diesem Gebrauch lediglich bestimmten Pfanne. Ich glaube daß diese Gewohnheit sehr gut ist; denn jemehr man den Syrup gähren lässet, desto mehrern Abgang hat man an Körnern.

Die IX. Taf. Fig. 16. stellet eine auf ihren Ofen gestellte Pfanne vor; wie diejenigen, die zur Läuterung oder zum Sieben bestimmt sind. Auf das Glacis stellet man zwey Stücke von kleinen Balken, auf welche ein Korb gesetzt wird, und in diesem Korb ist ein kleiner Sack (Fig. 17.) der die Tasche genannt, und von starker Leinewand gemacht wird. Alles dieses zeiget die 16te Figur.

Der Schaum wird in Wannen herbey getragen, und mit einem großen Löffel ausgefüllt, hernach in eine der Läuterungspfannen geschüttet. Einige Wannen voll Kalkwasser müssen dazu gethan, das Feuer unter der Pfanne angezündet, und mit einen großen Spatel der Schaum und das Kalkwasser stark vermischet werden.

Wenn es das Ansehen hat, als ob der Schaum in dem Wasser tüchtig zerlassen sey, gießet man diese Mischung durch den Sack; was nun am flüßigsten ist, fällt in die Pfanne (Fig. 16.) Weil aber dennoch vieler Syrup in dem Schaum zurück bleibt, so wickelt man den Rand des Sackes, der vorher auf den auswendigen Rand des Korbes umgeworfen war, um, und man legt auf den Sack und in den Korb, den Schaumenrand (Fig. 18.) der aus verschiedenen Brettern, die durch eiserne Bänder an einander getrieben sind, bestehet, und zwey Handhaben von Stricken hat. Diese Maschine wird mit vielerley Gewicht beschweret, welches eine Art von Presse ausmacht, die den Syrup aus dem Schaum zwingt. Wenn dieser tüchtig ausgeträufelt ist, so wird das Feuer unter der Pfanne (Fig. 16.) angezündet, um dem Syrup einen gewissen Grad des Siedens zu geben, der nicht hinlänglich die Probe zu halten. Man begnüge sich also damit, ihn bloß zusammen zu treiben, oder nach der Kunstsprache, ihn in die Enge zu bringen; denn dieser Syrup wird nicht in Formen gebracht. Man mischet ihn mit Farinzucker und anderen feinen Syrup, um geläutert und hernach gekocht zu werden, wie es bereits erzählet worden ist. Der Syrup, der aus dem Schaum gepreßt wird, ist weniger fett als aller anderer, darum muß zum weitern Gebrauch diese eben erwähnte Mischung geschehen. Damit man wissen möge, ob dieser Syrup genug gesotten sey, welches zu verstehen ist, ob der Schaum hinlänglich in die Enge gebracht ist, stürzet man die Schaum-

J

kelle in den Syrup, hernach wenn sie auf ihre scharfe Seite gedrehet worden, muß der Fall des Syrups sich zerbrechen und Flockenweiße zerreissen. Da es zuweilen geschiehet, daß man nicht gleich läutert, wenn man den Schaum gesotten hat, so schüttet man selten ausgebrachten Syrup in Becken, um große Töpfe damit anzufüllen, die so lange verwahret werden, bis roher oder Farinzucker geläutert wird.

Wenn man sehr braunen rohen Zucker läutert, so ist der Schaum fett; und in diesem Fall, anstatt den Syrup zu dem Zucker zu schütten, bringet man ihn in Formen, den man so wie Bastarde behandelt.

Beschreibung der Bearbeitung des Syrups.

Oben ist gesaget worden, daß wenn man den ersten Syrup hätte austräufeln lassen, die Töpfe sodann umgewechselt würden, und daß der erste Syrup weit röther, und untauglicher wäre, Körner herzugeben, als der, der nachher, wenn man die Töpfe ausgeleeret, ausfließt. Dieser Syrup ist gut genug, ohne vorhergehende Bereitung zu dem Zucker geschüttet zu werden.

Der allerfeinste und beste Syrup ist derjenige, der, nachdem die Zuckerhüte ihre erneuen Deckel erhalten haben, aus denselben in die Töpfe fließt. Dieser Syrup ist fast nichts als geschmolzener Zucker. Also soll der feine Syrup ohne Vorbereitung, mit dem Farinzucker den man läutern will, in die Pfannen zurückgeworfen werden. Die Arbeit, von welcher wir also gegenwärtig reden wollen, gehet bloß den Syrup von den ersten Classen an.

Wenn eine hinlängliche Menge Syrup zusammen gebracht ist, so legt man einige Träger auf das Glacis der Pfannen, die ihre Ränder nicht ungelegt erhalten haben, und man stürzet über diese Träger die mit Syrup gefüllten Töpfe aus (IV. Taf. Fig. 4.) bis daß die Pfannen halb voll sind. Ohngefehr drey Wannen voll Kalkwasser werden zu achtzehn Töpfen voll Syrup geschüttet; wohl zu verstehen, daß diese Proportion öfters, nach Maaßgabe der Güte des Syrups, verändert wird; denn jemehr derselbe röthlich und dicke ist, destomehr Kalkwasser muß man hinzuschütten. Alsdenn wird das Feuer angezündet, und kein Blut zum läutern eingeschüttet, sondern man siedet ihn bloß mit Kalkwasser, bis daß er probemäßig sey.

Bey diesem Sieden wallet der Syrup heftig auf; daher, um zu verhindern, daß er nicht aus der Pfanne steige, muß beständig die große Spatel gebrauchet, und der Syrup umgerühret werden. Die Arbeiter haben ein sehr simples und sehr sinnreiches Mittel erfunden, um dieser beschwerlichen Arbeit überhoben zu seyn. Sie legen in den Syrup der siedet (IX. Taf. Fig. 19.) eine Forme zu einem Bastard, die an der Spitze zerbrochen ist. Diese Forme fällt durch ihr Gewicht auf den Boden der Pfanne, richtet sich daselbst in die Höhe, und stützet sich auf der breiten Seite. Die Spitze des abgebrochenen Kegels muß 5 bis 6 Zoll den Syrup übersteigen. Das Aufwallen steiget in

seinem

Die Kunst des Zuckerſiedens.

ſeinem inwendigen Theile in die Höhe, und ſteigt in Form eines Ausguſſes durch das Obertheil des Kegels. Dieſer Ausfall dehnet ſich rund umher aus, und fällt auf den Syrup, deſſen Aufwallen er dadurch niederſchlägt; eigentlich ſo, als wenn man unaufhörlich gekochtes Waſſer zu dem Syrup göſſe; daß alſo durch dieſe Erfindung die Arbeiter von dem beſtändigen Gebrauch der Spatel hiebey befreyet ſind. Von dieſer Erfindung macht man mehreren Gebrauch bey dem Aufſieden des Schaumes, der ſich ſehr blähet, als bey dem Syrup, der um in Baſtardformen geſchüttet zu werden, geſotten wird.

Es iſt dienlich anzumerken, daß wenn man Baſtarde macht, man nicht zufrieden iſt den Syrup in der einzigen Siedepfanne zu kochen. Die Arbeit würde zu langſam von ſtatten gehen; daher man denn zu gleicher Zeit den Syrup in den beyden Läuterungs- und in der Siedepfanne, abkocht. Dieſes hilft, daß man in einem Tag ſechs Pfannen in den Füllungsort vollfüllen kann.

Unterdeſſen daß der Syrup ſiedet, hat man fünf oder ſechs bewegliche Pfannen an dem Ort, der vor dem Füllungsort hergehet, oder in dem Füllungsort ſelbſt zurechte gemacht. Und wenn der Syrup genug geſotten hat, ſo bringet man ihn in dieſe Pfannen, und vertheilet denſelben in dieſe Gefäße, welches in der Kunſtſprache, Runde gehen (faire des rondes) heißet. Wenn auf dieſe Weiſe die Siedepfannen geleeret worden ſind, und noch roher Syrup vorräthig ſeyn ſollte, ſo ſiedet man denſelben auf der Stelle ab, und durch andere Runden ſchüttet man dieſen Syrup in die nämlichen Gefäße, worinnen der vorhergehende geſchüttet worden iſt, welches man ſo lange wiederholet, bis daß ſie ganz angefüllet ſind. Wenn die ſechs Pfannen in dem Füllungsorte voll ſind, ſo füllet man die Baſtardformen, die vorher einen Stöpſel erhalten haben, und in dem Füllungsorte aufgeſtellet werden müſſen, mit Syrup an. Dieſe Formen werden auch nach der Reihe, jedoch mit dem Unterſchied angefüllet, daß in jede Form nur ohngefehr der ſechſte Theil desjenigen Syrups, der in dem Boden iſt, auf einmal eingeſchüttet wird, damit in einer jeden Forme aus allen ſechs Pfannen zuſammen gegoſſener Syrup ſich finden möge. Dieſe Formen bleiben während zwey oder dreymal vier und zwanzig Stunden auf ihren Stöpſeln ſtehen.

Nach Ablauf dieſer Zeit nimmt ein Knecht eine Forme in ſeine Arme, hebt ſie auf, und indem er derſelben einen Stoß mit ſeinem Knie gegeben hat, bringt er ſie vor ſich; da er aber die Vorſicht gehabt hat mit einem ſeiner Füße auf den Stöpſel zu treten, ſo macht dieſer ſich los und bleibt liegen. Sodann hebt er die Forme noch mehr auf, giebt abermals einen Stoß mit ſeinem Knie, und bringet die Spitze der Forme auf eine ausgeſtopfte Wulſt, von welcher er die Stricke aufhebt, die er an einem Hebebaum befeſtiget. Zwey Arbeiter nehmen den Hebebaum auf ihre Schultern, und bringen alſo die Form unter einer Fallthüre, die nach den Stückboden (Grenier aux pieces) oder den Ort, wo ſich der Syrup reinigen ſoll, hingehet. Hierauf werden ſie gleich gebracht, und auf einen großen beſchlagenen Seſſel niedergeſetzt (Fig. 20.) um ſie mit einem harten höl-

J 2 zernen

zernen Nagel (Fig. 21.) oder Pfriemen durch zu bohren. Unter der Spitze der Forme wird ein Eymer oder eine Wanne hingesetzt, in welchen Wasser geschüttet worden, worinnen der wenige Syrup, der etwa abträufeln mögte, einfällt, und zugleich dazu dienet, den Pfriemen einzutunken, damit er desto leichter in die Spitze des Hutes eingehe; denn nachdem dieser Pfriemen bis zu einer gewissen Höhe eingedrückt worden, ziehet man denselben wieder zurück, tunket ihn abermals in das Wasser, das in dem Eymer stehet, und verfähret hernach damit wie vorhin; welches man zu verschiedenen malen wiederholet; weil es nothwendig ist, daß der Pfrieme auf acht bis zehen Zoll tief in die Forme getrieben werde; daher es denn kommt, daß indem der Pfriemen zum Gebrauch naß gemacht wird, derselbe die Körner des Hutes anfeuchtet, und sowohl hilft den Pfriemen desto leichter einzudrücken, als auch daß der Syrup gemächlicher in den Topf laufen könne.

Diese Bastarde werden auf ihre Töpfe (Fig. 23.) gestellet, damit sie während ohngefähr 14 Tage ihren bey sich führenden Syrup austräufeln können. Nach Verlauf dieser Zeit wechselt man um, oder wie das zu verstehen, man leeret die Töpfe von dem darinnen befindlichen Syrup, und stellet die Bastarde, ohne ordentliche Reihen zu beobachten, jedoch mit der Aufmerksamkeit, daß sie alle Bleyrecht zu stehen kommen, auf. Um dieser Ursache willen probiret man Töpfe von verschiedener Höhe, damit über den ganzen Boden die Oberfläche der Formen gleich seyn möge: Denn da sie stark sind, so legt man Bretter darauf, die einen Knecht tragen müssen, der auf seinen Knien liegend, die Grundlagen an diesen Bastarden vermöge einer Maurerkelle macht; und sie mit einer erdenen Decke, die aber hier nicht so feuchte als bey dem feinen Zucker angebracht werden muß, versiehet. Die Erde, sage ich, muß nicht zu feuchte seyn; damit das Wasser, das sie von sich giebt, wenige Körner, die weich und fett sind, mit sich nehme. Diese Bastarde werden ein oder zweymal mit Erde angefrischt, nach der Maaße daß man beurtheilen kann, ob die Körner mehr oder weniger angefrischt werden müssen. Wenn diese erdenen Decken abgetrocknet sind, so werden sie zwar abgenommen, nichts destoweniger bleiben die Bastarde noch zwey bis drey Monate zum austräufeln des Syrups in den Formen ruhig stehen.

Von einer Zeit zur anderen ziehet man einen derselben aus seiner Forme, damit man sehen könne, in was für Umständen die Hüte sind. Allein da diese Hüte sehr schwer und plump sind; so geschiehet das Nachsehen auf bloßer Erde. Wenn sie nun noch zu vielen Syrup bey sich führen, so saget man nach der Kunstsprache, daß sie noch nicht reif sind (el'es sont trop vertes) und sie bleiben nach wie vor zum austräufeln ruhig stehen. Findet sich bloß die Spitze dieser Hüte röthlich, so werden sie aus ihren Formen gezogen; wobey zuweilen geschiehet, daß die Spitzen in der Form sitzen bleiben. Dieses mag nun geschehen oder nicht, so schlägt man mit einem Gartenmesser alles röthlich scheinende ab, und wirft es zu den abgebrochenen Spitzen, welcher Abfall auf die Art wieder gesotten wird, wie ich gleich zeigen werde. Das übrige der Bastarde kömmt in die Läuterungspfanne mit dem Farin- oder rohen Zucker.

Um -

Um die in den Formen stecken gebliebenen Bastardspitzen loß und heraus zu bringen, stellet man das Untertheil der Formen über den rohen Zucker (Fig. 24.) der mit dem Gartenmesser abgeschlagen worden. Durch das Loch der Spitze steckt man einen eisernen Pfriemen (Fig. 25.) so wie es die 24ste Figur zeigt. Dieser eingesteckte Pfrieme wird kreysförmig umgedrehet. Sobann fällt der Zucker, der in der Forme zurück geblieben, heraus. Dieses wird mit allen Formen, die noch Zucker in sich führen, vorgenommen, bis daß man eine hinlängliche Menge von Spitzen gesammlet hat, die auf folgende Weise im Fluß gebracht werden.

Art und Weise die Spitzen der Bastarden zu schmelzen.

Die Spitzen der Bastarde werden, nebst dem mit dem Gartenmesser abgeschlagenen Zucker, in eine aufgestellte Pfanne gebracht. Es wird dazu nur so viel Kalkwasser geschüttet, als nöthig ist, die Körner zu zerschmelzen. Um diese desto geschwinder flüßig zu machen, wird ein kleines Feuer angezündet, und das Kalkwasser mit dem Zucker tüchtig durcheinander gerührt. Der Zucker wird nicht gänzlich abgesotten, wenn er aber sehr heiß geworden ist, so wird er in eine halbkuglichte mit Löchern versehene kupferne Pfanne, die über einem beweglichen Kessel angebracht ist, eingeschüttet, und mit einer Spatel alle diejenigen Stücke des Zuckers, die etwa nicht zerschmolzen sind, klein gestoßen, damit er auch in die Pfanne laufen könne. Wenn aller Zucker durchgeschlagen worden, so nimmt man dieses Geräthe von der Pfanne oder dem Kessel ab, und man gebrauchet wiederum die Spatel, um die gänzliche Vollendung des Flusses zuwege zu bringen. Während daß der Zucker noch sehr heiß ist, füllet man Bastardformen damit an. Wenn sie und der Zucker kalt geworden, so ziehet man den Stöpsel unten aus, damit der Syrup ausfließen könne. An statt sie wie die Bastarde mit einer erdenen Decke zu versehen, bringet man sie in ein Gewölbe, das man sehr warm hält, damit der Syrup desto flüßiger bleibe. Die in den Formen zurückbleibenden Körner, oder der Zucker, wird mit dem rohen und mit Farinzucker vermenget, und zusammen in die Läuterungspfannen geschüttet. Dieses wird nach der Kunstsprache geschmolzene Spitzen genannt.

Man weis daß derjenige Syrup, der zuerst aus allen Gattungen der Formen und Zucker ausfließt, weit fetter und am wenigsten Körner herzugeben tauglich ist, als der Syrup, der in der Folge gesammlet wird. Der zweyte und selbst der erste Syrup, der aus den Bastarden fließt, von welchen wir eben gehandelt haben, siedet sich wie der Syrup, den man die Bastarde zu machen gebrauchet hat. Er wird auch eben so in Formen geschüttet, mit dem Unterschied, daß er keine erdene Decke erhält. Der daraus entstandene Zucker wird grober fetter Zucker (Vergeoise) genannt. Dieser Zucker wird, wenn er vorher seinen Syrup verlohren hat, wieder zerschmolzen, wie man es oben bey den Spitzen der Bastarde gesehen hat; und in diesem Fall wird diese Handlung das Schmelzen des rohen fetten Zuckers (des fondues de vergeoise) so wie jener das

Schmel-

Schmelzen der Spitzen (des fondues des têtes) genannt. Der geschmolzene rohe fette Zucker wird mit einem erdenen Deckel versehen, und die Körner die daraus entstehen, kommen zum feinen Zucker.

Wenn diese Art von Körner nicht schön ausfällt, und sie ihren Syrup nicht hinlänglich und schlecht verloren haben, so müssen sie noch einmal, wie die Spitzen der Bastarde, mit ein wenig Kalkwasser auf einem kleinen Feuer geschmolzen werden.

Diese also wieder geschmolzene Körner nennet man in der Kunstsprache Verpuntes, die, wenn sie ihren Syrup von sich gegeben haben, nochmals geschmolzen werden, und nachdem sie mit dem übrigen so oft geschmolzenen Zucker vermenget sind, zusammen eine Masse ausmachen.

Man versendet nach Holland gemeiniglich nur denjenigen Syrup, der aus den vorbeschriebenen drey verschieden benannten Zucker, ausgeträufelt ist. Aller übrige wird wieder verkocht, um daraus in den Zuckersiedereyen allen nur möglichen Vortheil zu ziehen. Es ist gewiß, daß wenn der Syrup in Fässern theuer ist, eben so viel Profit heraus kommt, denjenigen Syrup, der zuerst aus den Bastarden fließt, ehe sie mit Erde bedecket werden, nach Holland zu versenden; allein diejenigen Zuckersiedereyen, die in dem Innern des Königreichs vorhanden sind, haben diesen Gebrauch nicht. Diejenigen aber, die in Nantes, in Rochelle und in Marseille angeleget sind, könnten davon, weil sie zum Einschiffen bequem liegen, einigen Nutzen ziehen. Weil man aber in Orleans den Syrup nach Nantes schicken, und die Fracht bezahlen muß, so würden diese Kosten nebst dem Auslaufen aus den Fässern und den Commissions-Gebühren an dem Ort wo er eingeschifft werden soll, und noch mehrere Ausgaben, den Profit, der dabey zu machen seyn würde, in Nichts verwandeln. Daher ist es besser und vortheilhafter, diesen Syrup zu bearbeiten, und alle Körner daraus zu ziehen.

In Ansehung der Lumpen, die den allerfettesten Theil des rohen Zuckers in sich fassen, so werden diese eben auch wie die Spitzen der Bastarde, entweder mit diesen, oder allein geschmolzen. Sie werden noch flüßig in Formen geschüttet; woraus sie ihren Syrup verlieren müssen; hernach giebt man ihnen, wie den Bastarden, Decken von Erde; und alsdenn werden sie zum feinen Zucker mit gebraucht. Der erste und zweyte Syrup, sie mögen bedeckt oder nicht bedeckt gewesen seyn, wird zum Bastarden mit angewandt, wie es bereits gesaget worden.

Es ist auch eben erinnert, daß der erste und zweyte Syrup der Bastarden, zu einer Art von Zucker gebraucht wird, den man in der Kunstsprache Vergeoise nennet, und der eben so wie die Bastarde gekocht wird. Inzwischen sind die Handlungen, die damit vorgenommen werden, von jenen in etwas verschieden, weil der Syrup der ersteren fetter und dicker ist, und weniger Körner giebt, als der von den Bastarden. Wenn man also diese erste Gattung sieben will, so sucht man dazu die besten Formen aus, weil, wenn man dazu geborstene Formen gebrauchte, die Körner, die in diesem Syrup langsam

Die Kunſt des Zuckerſiedens.

ſam anſchieſſen, weil er lange flüßig bleibt, durch die Rißen oder Spalten der Forme auslaufen, und alle Körner mit dem Austräufeln verlohren gehen würden.

Um dieſer nämlichen Urſache willen, wird auf den Grund einer jeden Forme, wenn ſie in den Füllungsort aufgeſtellet worden iſt, vier bis fünf Finger ſtark Baſtardzucker, der auf der Darre abgetrocknet und fein gerieben worden, hinzugefüget. Dieſer trockne Puderzucker wird in der Spitze der Forme, mit einer hölzernen Stampfkeule niedergedrückt, damit der Syrup ſo lange darinnen bleibe, bis die Körner angeſchoſſen ſind; und wenn man dieſen Zucker in dem Füllungsort aufrühret, welches bleben nur einmal geſchiehet, ſo giebt man Acht, den trocknen Puderzucker mit der Spitze des Meſſers, das man zum Aufrühren gebraucht hat, loß zu machen.

Einige Tage bleibt dieſer Zucker in dem Füllungsort ſtehen, damit der darinnen befindliche Syrup hart werden könne; und wenn ſie in die Gewölber, worinnen ſie ihren Syrup verlieren ſollen, gebracht ſind, ſo legt man unter die Formen, worinnen der Syrup erweicht zu ſeyn ſcheinet, ein Stück klarer Leinewand, das ein Stöpſel in der Kunſtſprache heißet, damit dieſe Leinewand den Syrup aufhalten, und verhindern möge, daß er nicht zu ſchnell austräufle. Endlich, wenn man dieſe Hüte durchbohret, ſo bedienet man ſich dazu einer Ahl, und nicht des Pfriemens, damit der Syrup nur langſam abfließe; denn es geſchiehet dann und wann, daß die ganze Maſſe in den Topf fließet.

Der Ort, wo dieſer Zucker zum austräufeln des Syrups ausgeſtellet wird, muß ſehr warm ſeyn, um den Syrup in einer gewiſſen Flüßigkeit zu unterhalten, denn nach ſeiner Natur iſt er dicke und klebrigt. Dieſerhalb unterhält man in dieſem Gewölbe ein beſtändiges Feuer von Holzkohlen.

Ich muß geſtehen, daß ich niemals dieſes Theil der Kunſt des Zuckerſieders hätte beſchreiben können; wenn mir nicht ausdrücklich in dieſem Punkt, die Unterweiſung der Herren der orleaniſchen Zuckerſiedereyen zu Hülfe gekommen wäre. Nichts deſtoweniger giebt es noch einige ſubtile Handgriffe, um allen nur möglichen Nutzen aus dieſer Art von Zucker (vergeoile) zu ziehen. Sie ſind ſehr leicht zu begreifen, wenn man ihn verarbeitet. Allein es würde ſchwer fallen ſie klar und deutlich zu beſchreiben. Die Zuckerſieder ſcheinen ein Geheimniß daraus zu machen; indeß weiß es alle Welt. Was wir demnach von dieſem Zucker geſagt haben, wird hinlänglich ſeyn, diejenigen zu belehren, die dieſe Arbeit unternehmen wollen; und durch Hülfe einiger anzuſtellenden Verſuche, werden ſie neue nützliche Arbeit entdecken; die aber in wenigen Stücken von der vorbeſchriebenen abweichen wird.

Der erſte Syrup, der aus dieſer Art von Zucker fließt, iſt zu weiter nichts nütze, als daraus Brantewein oder Taſia, das ein Extract von Branteweine iſt, zu brennen. Er wird in Orhöſten eingeſpundet (Fig. 26.) und nach Holland verſandt, denn in Frankreich iſt es verboten dergleichen Brantewein zu brennen.

Dieſes Verbot hat denen Zuckerſiedern in Frankreich vielen Schaden zugefüget. Die Aerzte die vom Hofe darum befraget worden ſind, haben nicht angeſtanden darüber ganz leicht

leicht das Urtheil zu fällen, daß diese Art von Brantewein schärfer als derjenige sey, der aus Wein gebrannt wird, und mithin corrosivisch und der Gesundheit nachtheilig sey: Es würde vielleicht richtiger gewesen seyn zu behaupten, daß er unangenehm schmeckte, und schlecht distilliret wäre. Ein guter Chymiste würde nicht verlegen seyn, aus Syrup Brantewein zu brennen, der keinen von diesen Fehlern an sich hätte, die bloß daher entstehen, daß etwas von den fetten Theilen des Syrups beym distilliren verbrannt werden.

Dieser grobe Syrup enthält allemal noch Körner; allein es würde zu viel kosten, sie von demselben loß zu machen. Damit in Ansehung der Zuckerfabrick, nichts zu wissen übrig bleibe, so wollen wir noch mehrere Arbeiten derselben hier anbringen, die uns durch eine in dieser Kunst sehr wohl unterrichtete Person mitgetheilet worden sind; und die zu der Zeit davon Gebrauch machte, als der grobe Zucker noch sehr mit Syrup belastet, von den Insulanern versandt wurde.

Abhandlung von dem sogenannten Königszucker.

Um Königszucker, wie man ihn in der Kunstsprache nennet, und der die allerweißeste und durchsichtigste Gattung ist, zu machen, suchet man den allerweißesten Faringzucker aus; der dann und wann aus schönen gestoßenen Zucker bestehet. Dieser wird in die Läuterungspfanne mit sehr schwachem Kalkwasser eingeschüttet, das darum so schwach ist, damit es die Körner nicht röthlich machen kann. Einige Zuckersieder setzen ein wenig Alaunwasser dazu. Dieser schöne Syrup wird mit ein wenig Ochsenblut geläutert, und durch den Filz gelassen; welches zu verschiedenen malen wiederholet wird. Man siedet denselben etwas weniger als probemäßig, damit bloß die Körner, die den Hut ausmachen, zum Anschießen Kraft behalten, und der Syrup in desto größerer Menge in die Töpfe ablaufen möge. Die Grundlage zu diesem Königszucker wird von superfeinen Zucker gemacht; die Hüte werden eben auch, wie die übrigen die von nicht so feiner Gattung sind, mit einem erdenen Deckel versehen. Diese Arbeit verursachet indeß vielen Abfall. Allein man verlieret dabey nichts, als die angewandte Mühe des Siebens, denn der Syrup wird zu geringeren Zucker und zu den großen Hüten gebraucht. Die feinen Hüte müssen vorher, ehe sie in die Darre gebracht werden, tüchtig abgetrocknet seyn. In der Darre werden sie von dem Ofen entfernt gehalten, damit die Hitze keine Flecke daran zuwege bringen könne.

Wenn man keinen schönen Faringzucker vorräthig hat, so ist man genöthiget, um Königszucker zuwege zu bringen, schöne raffinirte Zuckerhüte zu Puderzucker stoßen, oder gewöhnliche Materien raffiniren zu lassen. Diese Materie wird in Formen gebracht. Der erste Syrup muß austräufeln, wornach die Formen ihre erdene Decken kriegen. Wenn die Hüte meist ganz weiß geworden sind, so ziehet man sie aus ihren Formen. Alle Spitzen, woran kleine röthliche Flecke wahrzunehmen sind, werden abgeschlagen. Der

Die Kunst des Zuckersiedens.   73

Der ganz vollkommen vom röthlichen Syrup geläuterte Untertheil des Hutes, wird in eine Pfanne geworfen, worinnen dieser schöne Zucker geläutert, wird. Durch das Sieben wird er noch mehr in die Enge gebracht, und im übrigen wird diese schöne Materie eben so, wie wir es weiter oben beschrieben haben, bearbeitet. Dieses ist alles, was ich von Fabricirung des Königszuckers habe erfahren können; denn die Zuckersieder wollen nicht den ganzen Umfang ihrer Arbeit, die sie hierbey befolgen, verrathen. Es ist indessen gewiß, daß die Herren Vandebergue in Orleans, Königszucker fabriciren, der schöner ist als derjenige, den man von fremden Orten herkommen lässet.

Abhandlung von den Eigenschaften, die ein gut geläuterter Zucker haben muß.

Die Schönheit des rafinirten und in Hüte verwandelten Zuckers, bestehet in der Weiße und in der Feinheit der Körner, die die Oberfläche des Hutes glatt machen müssen. Der Zucker muß auch trocken, lautklingend, hart und ein wenig durchsichtig seyn. Wenn man wohl angemerket hat, was wir wegen der Verarbeitung des Zuckers abgehandelt haben; so wird man wissen, daß in dem Syrup, Theile von wesentlichen Salze sind, das weit leichter anschießet, als die anderen Körner, die immer ein wenig fett sind, und deshalben ein weniger hartes, weniger weißes und nicht so durchsichtiges Korn abgeben. Diejenigen Theile, die am meisten geschickt sind, anzuschießen, sind denn also die besten, um daraus den sogenannten Königs- und superfeinen Zucker zu sieden. Von dem übrigen Zucker ziehet man auch den Nutzen, nur daß der Preis von dieser schlechteren Gattung geringer ist, als von denen beyden außerordentlich feinen Gattungen. In dieser Absicht, daß man größere Hüte daraus macht; wobey man nichts destoweniger zuvor unterrichtet werden muß, daß, wenn man in solche größere Formen, eben so fein geläuterten Zucker, als zu dem superfeinen gehöret, einschüttete, dieser in großen Formen eben so gut als der Königszucker seyn würde. Der Gebrauch hat aber den Vorzug, den man hiezu den kleineren Formen giebt, zuwege gebracht. Man glaubt, daß der Zucker um so viel feiner in kleinen Hüten ist; dieses ist auch in der That gegründet; weil die Zuckersieder die kleinen Hüte aus ihrer allerbesten Materie fabriciren.

Wollte man in einer Rafinerie bloß Königs- und superfeinen Zucker verfertigen *), so würde man vielen Verlust leiden, denn alle die Körner, die, wie wir bereits gesagt haben,

---

*) Der superfeine Zucker ist erst seit 15 bis 20 Jahren in Frankreich bekannt. Vorher wurde diese Gattung für den Tisch des Königes und der reichen Leute aus Holland verschrieben. Die Herren Vandebergue haben diese Commercien denen Holländern entrissen, und haben dadurch das Innere des Königreiches reicher gemacht. Sie sind es auch, die ihre Erfindung eingeführet haben, ihren eigenen bereits mit Erde bedeckt gewesenen Zucker zu gebrauchen, um denselben auf denjenigen zu thun, der erst seine Decke erhält. Dieser Gebrauch hat zu einer größeren Consumtion des Farinzuckers Gelegenheit gegeben, und diesen Farinzucker auf den Inseln zu machen, mehr in Schwang gebracht. Die Gefälle des Königes haben dabey gewonnen.

K

haben, am wenigsten leicht anschaffen, müßten zu Syrup verwandelt werden, und aus dieser Ursache würden alle Körner, die man sonst aus dem Syrup ziehet, nicht zu gebrauchen seyn. Um alles so viel möglich zu nutzen, muß man demnach auch groben Zucker machen. Es erwächset hiedurch der Vortheil, daß die nicht so sehr bemittelten Leute, diese Nothdurft um weniger Geld anschaffen können; und dieser nicht so feine Zucker hat den Vorzug, daß er leichter süßet als der sehr feine. Es scheinet als ob der Syrup die Süßigkeit des Zuckers zuwege bringe. Da alle Arten von Zucker Syrup in sich fassen, so ist aller Zucker süße; allein derjenige, der den mehresten Syrup in sich faßt, ist vor allen andern der süßeste. Da nun alles Schmelzen und alle Wäschen, den Syrup zu entfernen, zum Zweck haben; so folgt daraus, daß die Körner, jemehr sie geläutert werden, immer mehr ihre Süßigkeit verlieren. Dergestalt ist eine doppelte Sparsamkeit mit dem Einkauf des geringern Zuckers, von welchem gemeiniglich größere Hüte gemacht werden, verknüpft. Einmal daß er weniger kostet, und denn zweytens weil er mehrere Süßigkeit in sich führet. Der Zucker, den man in den Zuckersiedereyen verkauft, kann sich also in drey Gattungen eintheilen lassen, und zwar

1) In den von der zweyten, der kleinen zweyten, der dritten und siebenten Gattung, die sammt und sonders gemeiner Zucker genannt, und die auch allzumal in blau Papier gewickelt werden.

2) In die superfeine Gattung, die in violettes Papier gefaltet wird; und

3) In die Gattung des sogenannten Königszuckers, der auch in violett Papier, das aber noch feiner, als das vorhergehende seyn muß, eingewickelt wird.

Es ist gewiß, daß man superfeinen und gar Königszucker in großen Formen machen könnte. Man macht selten Königszucker, denn der superfeine hat den Königszucker aus Holland ersetzt, wo nicht übertroffen. Das königliche Haus verbraucht dann und wann bey Friedenszeiten Königszucker; allein allemal sehr wenig. Dieser Zucker kostet, wegen seiner ungemeinen Weiße, zuviel zu fabriciren. Er ist dergestalt durchsichtig, daß wenn man ihn an die Sonne hält, man den Schatten der Finger an dem dicksten Theil des Hutes gewahr wird. Der superfeine Zucker hat etwas von dieser Vollkommenheit an sich.

Die Bastarde und anderer dergleichen ähnlicher Zucker sind unvollkommene Zucker, die nicht anders, als wenn sie rafiniret werden, verkaufet werden, wie roher und Farinzucker.

Abhandlung vom pulverisirten Zucker.

In Marseille wird eine Art von Zucker gemacht, die die Weiße des Königszucker besitzet. Nach den Begriffen, die ich mir von diesem Zucker habe verschaffen können, bestehet er aus schönen Bastardzucker, den man nicht gänzlich in der Darre abtrocknen läßt. Man pulverisiret diesen Zucker, und siebt ihn durch ein feines Sieb. Nachher

füllet

Die Kunst des Zuckersiedens.

füllet man mit Puderzucker die Formen *) an, die aus sehr reinen Wasser, worinnen sie eingefeuchtet lagen, gezogen werden. Man stößet denselben zu verschiedenen Absätzen, mit einer Stampfkeule, die unten platt ist, in die Formen. Man stellet diese Hüte, wenn man sie ausziehen will, auf ein Brett, und trägt sie auf dem nämlichen Brett auf die Darre. Die wenige Feuchtigkeit, die in den Körnern geblieben ist, verursachet, daß sie an einander kleben; und obgleich diese Hüte aus gewöhnlichen rafinirten Zucker gemacht sind, so nehmen sie doch eine blendende Weiße an, werden glänzend und schwer. Allein wenn sie nur eine kurze Zeit an einem feuchten Ort gestanden haben, so werden sie wieder so körnigt wie der Farinzucker.

Ich kann nicht vor die gänzliche Richtigkeit der eben erzählten Handlung dieses Zuckers stehen; denn diejenigen Arbeiter, die diesem Gebrauch folgen, machen daraus ein Geheimniß. Allein ich würde eine Praxin sehr hoch schätzen, die den gemeinen Zucker so schön als den feinsten, machen könnte. Es entstünde aus dieser Kunst der Vortheil, daß man einen weißen Zucker hätte, der süßer als der seine, auch mehr verzuckerte und dabey doch wohlfeiler wäre.

Abhandlung vom Zucker-Candis.

Der Candiszucker ist das wahre wesentliche Salz der Zuckerröhre, das langsam und in großen Körnern anschließt. Wenn der Syrup tüchtig geläutert ist, lässet man denselben etwas weniger als probemäßig aufsieden. Dieser gekochte Syrup wird alsdann in zugestopfte Formen gethan, die an einen kühlen Ort gestellet werden. Nach der Maaße, daß der Syrup kalt wird, schießen die Körner an. Nach Verlauf von acht bis zehn Tagen bringet man diese gefüllten Formen auf die Darre, und stellet sie auf einen Topf. Sie werden nicht gänzlich von ihren Stöpseln befreyet, damit der Syrup nur nach und nach ablaufe. Wenn die Formen leer, und wenn die Körner des Candiszuckers sehr trocken geworden sind, so bringet man die Formen aus der Darre, und zerschlägt die Forme, damit man den Zucker, der sich fest an die Forme gesetzet hat, heraus nehmen könne.

Man kann in die Formen, Kronen, Herzen oder Buchstaben, die man von Stroh oder von dünnen Weydengerten gemacht hat, aufhängen. Der Zucker schießet auf diese Ruthen an, und man ziehet sie als abgebrochne Stücke von Krystal aus.

Wenn der Syrup mit Cochenille gefärbt ist, so nehmen die Körner eine leichte Farbe von Rubin an. Ist es mit Indigo geschehen, so werden sie ein wenig bläulicht. Auch können sie mit Blumenessenz oder Ambra wohlriechend gemacht werden. Alle diese Handgriffe sind indeß mehr des Conditers Werk, als daß sie den Zuckersieder angehen,

---

*) Man hat von Marseille gemeldet, daß die Formen von Kupfer seyn müssen. Wenn dieses ist, so müssen sie sehr gut verzinnt seyn; denn da der Zucker lange in diesen Formen bleibt, so könnte er den Geschmack des Kupfers oder des Grünspanes annehmen.

und die Zuckersieder machen keine zuvor überlegte Muster in den Candiszucker. In den Grund der Töpfe, wo der Syrup stehen geblieben ist, formiren sich nur allein dergleichen. Man schabt ihn ab, wie ich bereits erwähnet habe, und mischet ihn wieder mit andern Zucker.

Von dem Branntewein, der aus dem Syrup gebrannt wird.

Der gröbste Syrup und der ausgepreßte Schaum, wird, wie es bereits angezeiget ist, in eine mit Wasser angefüllte Wanne geworfen. Demjenigen Wasser, worinnen die Formen und die Töpfe ausgewaschen sind, wird der Vorzug gegeben. Dasjenige, womit die Pfannen ausgewaschen worden, ist auch als vorzüglich anzusehen. Die Wannen werden mit Brettern zugedeckt; vorher aber der Syrup und das Wasser wohl mit einander durchgerühret. Hierauf folgt eine große Gährung; ein Schaum steigt in die Höhe, und wenn dieser Schaum einen starken und weinreichen Geruch von sich giebt, so schärft man ihn mit einer Schaumkelle ab. Alsdenn hat diese flüßige Materie eine dem Biere gleichkommende Farbe angenommen, und sie wird in einen Kessel zum Distilliren geschüttet, und so behandelt, als der Wein den man brennet. Ich werde mich nicht weiter über diese Arbeit erklären; weil unglücklicher Weise für die Zuckersieder diese Arbeit in Frankreich nicht im Gange ist; und um so viel mehr, weil man dasjenige zu Rathe ziehen kann, was an einem anderen Orte von dem Distilliren des Branntweins gesagt worden ist. Ich will also bloß noch anmerken, daß da der Syrup sehr fett ist, er sich allemal zum Theil, inwendig an der Pfanne, nach der Maaße, daß das flüßige Wesen verfliegt, ansetzt. Dieser Theil verbrennet, und giebt dem Branntewein einen sehr unangenehmen Geruch. Um diesem Uebel vorzubeugen müßte man dieses Distilliren in einem Distillirofen bewürken, und dahin sehen, daß allemal, wenn man die Pfannen leeret, sie tüchtig und sauber ausgewaschen würden.

Erklärung der Figuren.

Erste Tafel.

Diese Tafel stellet die Mühle vor, die in Amerika zum Auspressen des Zuckerrohres gebraucht wird.

Es giebt Mühlen, die horizontale Walzen haben. Einige Kenner geben diesen Walzen den Vorzug, allein viele andere halten diejenigen für die besten, die hier auf der Tafel abgezeichnet sind.

Figur 1. Gebäude von Zimmerarbeit, das das Werk in sich faßt. E. F. G. H. Gebäude von gleicher Arbeit, das die Walzen zusammen hält. I. K. K. drey eiserne Walzen. Unten daran siehet man, daß ihre Achsen in Pfannen oder Zapfenlöchern angebracht sind. Die mittelste Walze I. wird durch einen gerade in die Höhe gehenden Pfeiler beweget, an welchem vier Hebebäume fest gemacht werden. Auf der Tafel sind nur die beyden L. L. vorgestellet. Am Ende dieser Hebebäume sind die Ochsen oder die Pferde angespannt, die die Walzen umdrehen. Man kann sich vorstellen, daß diese Mühlen auch durch Wasser und durch den Wind beweget werden können.

Man muß anmerken, daß eine jede Walze ein mit Zacken versehenes Rad habe. Diese zackigten Räder P. P. P. sind abgesondert unter dem Gebäude der Mühle vorgezeichnet. Da diese Räder eines in das andere fallen, so drehet die mittelste Walze I. die anderen Walzen K. K. mit um, sobald sie, wie gesagt, durch die Hebebäume beweget wird. Man siehet auf dem Gestelle E. F. daß der Pfeiler durch zwey starke hölzerne Balken, die unten abgesondert vorgestellt und mit N. N. bemerkt sind, befestiget ist, und daß der obere Theil des Pfeilers in ein starkes, sowohl in dem Gestelle als auch unter denselben mit a. bezeichnetes Stück Holz, eingefüget ist.

Unter den Walzen I. K. K. ist ein Trog, der den aus dem zerquetschten Rohre geflossenen Saft auffängt. Man siehet auch, daß dieser Saft durch die Rinnen H. E. läuft, und daß er von da in ein Behältniß, oder unmittelbar in eine Pfanne F. einfälle. In dieser nämlichen Vignette siehet man auch einige Schwarzen, wovon einige beschäftiget sind, das Zuckerrohr von seinem Stamm abzuschneiden, andere dasselbe nach der Mühle zu bringen, andere auch die es zwischen die Walzen legen, und endlich wieder andere, die die Ochsen treiben, die die Maschine beweglich machen.

Unter dieser Vignette (Figur 2.) ist der Grundriß dieser Mühle. A. Ist die Grundlage der Zimmerarbeit, die das Werk in sich faßt. B. Das Viereck, das die Walzen einschließt. C. Die Hebebäume. D. Der runde Platz, worauf die Ochsen ihren Gang nehmen. K. Der Trog, worinnen der Saft zuerst einfällt. 1. 2. 3. 4. 5. Die Kessel oder Pfannen den Saft zu läutern und zu sieden. Diese Pfannen sind in einem benachbarten Gebäude der Mühle angebracht.

Erklärung der Figuren.
Zweyte Tafel.

Behältniß, wo man die Fässer und die Gefäße hinstellt, in welche der rohe Zucker, nach der Maaße, daß man denselben aus den Fässern nimmt, eingeschüttet wird. Einige Arbeiter, die die Fässer zerschlagen, und die das Aussortiren des rohen Zuckers vornehmen. u. s. w.

Figur 1. Thüre, die mit obigen Gebäude und dem Behältnisse, worinnen die Fässer niedergelegt werden, in Gemeinschaft stehet. Durch diese Thür siehet man die eingeschichteten Fässer liegen.

Figur 2. Drey Behältnisse A. B. C. oder Wannen, worein der rohe Zucker, jede Gattung abgesondert, eingeschüttet wird.

Figur 3. Ein Arbeiter, der ein volles Faß mit Zucker fortwälzt.

Figur 4. Hackemesser, das zum Abhauen der Reife an den Fässern dienet.

Figur 5. Ein Arbeiter, der ein Faß zerschlägt, und die Reife daran mit dem Hackemesser durchschneidet.

Figur 6. Ein dergleichen, der die Dauben des Fasses von dem daran sitzen gebliebenen Zucker befreyet.

Figur 7. Ein anderer Arbeiter, der den Zucker aussortiret, um ihn nach seiner Gattung in die Wanne werfen zu können.

Figur 8. Eine Schaufel, die zu dieser Arbeit Dienste thun muß.

Figur 9. Ein Gefäße, worinnen der rohe Zucker in die Pfannen gebracht wird.

Figur 10. Ein Klotz, worauf dieses Gefäß gestellet wird, damit man es desto bequemer anfüllen könne.

Figur 11. Zwey Arbeiter, die ein solches mit rohem Zucker gefülltes Gefäß zu den Pfannen hintragen.

Figur 12. Eine Art eines ausgehölten Troges, von einem großen Stamme, worinnen derjenige Zucker zermalmet wird, der in den Zuckersiedereyen zum Fuß des Zuckerhutes nöthig ist.

Figur 13. Ein Sieb von meßingenen Drat geflochten, wodurch der zermalmte Zucker gesiebet wird.

Figur 14. Haken, mit welchen der Zucker aus einem Fasse in den hölzernen Trog Fig. 12, ausgeschüttet wird.

Figur 15. Eine hölzerne Stampfkeule, den Zucker zu zerstoßen.

Figur 16.

Erklärung der Figuren.

Figur 16. Ein anderes Sieb, das auf einem großen Gefäße ruhet, wodurch der zerstoßene Zucker durchgesiebet werden muß.

Figur 17. Ein Nagelzieher, womit die Nagel aus den Falzen der Fässer ausgezogen werden.

Dritte Tafel.

Stellet die Halle vor, worinnen die Pfannen sind. Diese Tafel ist nach der Zeichnung des Herrn des Friches gestochen worden.

Figur 1. Läuterungspfanne ohne Rand oder Aufsatz.

Figur 2. Eine dergleichen mit ihrem Rande.

Figur 3. Eine Pfanne, worinnen der Schaum abgetrieben wird.

Figur 4. Siedepfanne, wobey ein Zuckersieder, der die Probe nimmt.

Figur 5. Pfanne, worinnen der Zucker rafiniret wird. Diese Pfanne ist mit einem Tuche bedeckt. Ueber den Kuffern oder Erhöhungen d. siehet man eine Rinne, die den Zucker aus der Läuterungs- in diese Pfanne hinbringt.

Figur 6. Kalkwanne.

Figur 7. Kleine Wanne, worein das klare Kalkwasser geschüttet wird.

Figur 8. Tonne, worinnen das Ochsenblut verwahret wird. Gemeiniglich wird sie außerhalb dieser Halle hingestellet, weil sie einen üblen Geruch ausdünstet.

Figur 9. Ein Kohlenhaufen.

Figur 10. Gefäße zum Wasser, womit das Feuer unter den Pfannen gelöscht wird.

Figur 11. Eine Thür, die zu diesen Gefäßen hinbringt.

Figur 12. Luftlöcher, wodurch der Rauch, der aus den Pfannen steiget, verfliegen muß.

Figur 13. Thüre, die nach den Füllungsort hingehet.

Figur 14. Thüre der Darre.

Vierte Tafel.

Diese Tafel stellet abermals die Halle der Pfannen vor.

Figur 1. Läuterungspfanne mit ihren beyden Rändern versehen.

Figur 2. Eine dergleichen, die aber nur einen Rand hat, wovor ein Knecht stehet, der den Schaum abfüllet, und denselben in eine kleine Wanne K. ausschüttet.

Figur 3. Pfanne, worinnen der Zucker schäumen muß, ohne Rand.

Figur 4.

Erklärung der Figuren.

Figur 4. Siebepfanne, worauf eine Trage mit Töpfen, die ihren Syrup austräufeln, stehet.

Figur 5. Die Trage. Man siehet zwischen den Pfannen die Kuffer d. auf der Staffel e. die vor den Pfannen ist, und ein Brett, das der Hals genennet wird a. worauf eine Wanne b. voll rohen Zucker stehet. f. Oefnungen, den Zucker einzufangen, sobald er über den Rand der Pfannen austritt.

Figur 6. (In der Vignette und unter derselben) Eine Kalkwanne.

Figur 7. Eine nicht aufgestellte Pfanne.

Figur 8. Eine Wulst oder hölzerner Zirkel, der auf die Pfannen gestellet wird, damit ihr Rand durch die Wannen nicht Schaden leiden; der Arbeiter auch seine Finger unter dieselbe bequemer bringen, und dieselbe ausleeren könne.

Figur 9. Ein Knecht, der Kohlen aufnimmt, die er unter die Pfannen bringen will.

Figur 10. Pfanne zum rafiniren, über welche ein Korb, mit einen Filz versehen, stehet.

Figur 11. Schlund der Schorsteine, wodurch der Rauch der Feuerstellen verfliegt.

Figur 12. Eine Spatel.

Figur 13. Der große Löffel (Schöpflöffel) Pucheux.

Figur 14. Durchschlag.

Figur 15. Rinnen mit ihrer Röhre.

Figur 16. Durchschnitt der Pfanne zum rafiniren. Neben derselben ist das Gestelle a. unten an diesem Gestelle ist der Topf B. worein der Zucker läuft, der etwan verschüttet wird. C. Becken das auf dem Gestelle ruhet. D. Haken und Eymer den Zucker auszuschöpfen.

Figur 16.* Eiserne Hohlschaufel, die Kohlen aufzunehmen.

Figur 17. Haken oder Ofenkrücke, die Roste der Feuerstelle rein zu machen, damit der Wind besser durchstreiche.

Figur 18. Probestock.

Figur 18.* Spatel zur Kalkwanne.

Figur 19. Stellet eine zum Probenehmen ausgestellte Hand vor. Sie ist hier verkehrt gezeichnet, denn der Daumen muß nicht oben, wie hier zu sehen, sondern unten seyn.

Figur 20. Strohkranz oder Wulst, der unter die Becken, die man auf die Staffel der Pfannen stellet, hingeleget wird.

Figur 21. Becken zum Füllen der Forme.

Figur 22.

Erklärung der Figuren.

Figur 22. Mit Stroh ausgestopfter leinener Wulst, der auf den Rand des Zirkels Fig. 8. gelegt wird, um zu verhindern, daß der Zucker nicht verschüttet werde.

Figur 23. Wanne, das Kalkwasser wegzutragen.

Figur 24. Ein Knecht, der eine solche gefüllte Wanne trägt.

Figur 25. Ein anderer, der nach den Füllungsort ein Becken voll gekochten Zucker hinträgt.

C. Fußschemel, dessen man sich dann und wann bey den Pfannen, wenn sie zu hoch angebracht sind, bedienet. g. g. Zuglöcher h. h. Thüren der Feuerstellen.

Fünfte Tafel.

Diese Tafel zeigt die Art und Weise, wie die Pfannen auf den Ofen gestellet werden.

Figur 1. Grundriß, von dem Grund eines Mauerwerks zu drey Pfannen. D. D. D. Aschenlöcher zu jeder Pfanne. F. Gänge, die an die Aschenlöcher anstossen, und die von der Grube E. ausgehen. Durch diese Gänge wird die Asche ausgezogen. Sie dienen auch als Zuglöcher das Feuer anzufachen.

Figur 2. Durchschnitt des Ofens bis an die Höhe des Rostes, auf welchen die Kohlen geworfen werden. B. der Rost. G. Gänge, die zirkelförmig und abhängig an verschiedenen Höhen, in den Schlund der Schorsteine H. zu Ende gehen.

Figur 3. Verticaler Durchschnitt des Ofens. A. Eine an Ort und Stelle stehende Pfanne, B. Ort, wo das Feuer angelegt wird; unter diesen ist der Rost. C. Thüre, wodurch die Kohlen eingeschüttet werden. D. Aschenloch. F. Gang. G. Durchschnitt des Ortes, wo der Rauch durchgehet.

Figur 4. Durchschnitt, der zwischen zwey Pfannen von der Linie A. B. der ersten Figur genommen ist. A. Höhe, wo die Pfanne angebracht ist. B. Höhe des Heitzungsortes. C. Thüre des Ofens. D. Höhe des Aschenloches. E. Graben, wodurch die Luftlöcher gehen. F. Gang, der von diesen Graben, nach den Aschenloche in Gemeinschaft ist. G. Gemeinschaft des Heitzungsortes mit dem Schlund der Schorsteine. H. I. Staffel die vor den Pfannen ist. K. Rand in Gestalt einer Wulst, der darum angebracht ist, weil er verhindern muß, daß der Zucker, der sich über die Staffel ausschütten kann, nicht verlohren gehe. L. Becken, worein der Zucker geschüttet wird. M. Kuffer, die eine Erhöhung zwischen den Pfannen ausmachen. Man hat alles dasjenige, was man nicht in diesem Durchschnitte wahrnimmt, punktiret.

L Sechste

Erklärung der Figuren.
Sechste Tafel.

Auf dieser Tafel ist alles dasjenige vorgestellet worden, was mit der Zubereitung und Ausbesserung der Formen in Verhältniß stehet.

Die Figuren 1. 2. 3. 4. 5. 6. stellen verschiedene Formen vor. Als Fig. 1. Forme zu der ersten Gattung, (der kleinen zwey,) Fig. 2. zu der anderen Gattung, (großen zwey,) Fig. 3. zur dritten Gattung. Diese dreyerley Formen sind als neu anzusehen; mithin haben sie nur einen Reif an ihrem weitesten Ende. An die Formen 4 und 5 die man als geborsten ansehen muß, sind Holzspäne angebracht, die mit zwey bis drey Reifen versehen sind. Die Bastardformen Fig. 6. sind durch dünne Latten befestiget.

Figur 7. Eine auf ihren Topf gestellte Forme.

Figur 8. Der im Ausbessern der Forme begriffene Arbeiter mit einem Antreiber in der Hand. Neben sich hat er Bunde von Spanholz und von Reifen Figur 9 liegen.

Figur 10. Antreiber.

Figur 11. Holzklöppel oder Schlägel.

Figur 12. Lattenstücke, womit die großen Formen versehen werden.

Figur 13. Kleine eiserne Spatel, die dazu dienet, in den Syruptöpfen den sich etwa angesetzten Zucker abzuschaben.

Figur 14. Der Formen Trog. a. eiserne Winkeleisen, die denselben befestigen c. Brett, das die Hälfte des Trogs bedecket. Gemeiniglich wird unter dieses Brett ein eiserner Träger, der von b. zu b. gehet, angebracht, der dasselbe in der Mitte unterstützet.

Figur 15. Formen, die in einander gesteckt neben dem Trog stehen.

Figur 16. Art und Weise diese in einander gesteckten Formen in das Wasser, das im Trog ist, durch Hülfe eines Hakens zu stellen.

Figur 17. Zeiget den Ring, den man gebrauchet, wenn solche in einander gesteckten Formen auf den Boden des Troges gefallen sind, um solche alsdann wieder aufzurichten.

Figur 18. Ein Knecht, der die Formen auswäscht.

Figur 19. Scherbenzieher, womit die Stücke der zerbrochenen Formen, die auf dem Boden des Troges liegen bleiben, heraus genommen werden.

Figur 20. Ein Knecht, der die Formen zustöpfelt.

Figur 21. Ein anderer, der die zugestopften Formen in den Füllungsort trägt. (Fig. 22.)

Figur 23. Fallthüren, die mit dem Stückboden in Gemeinschaft sind.

Siebente

Erklärung der Figuren.

Siebente Tafel.

Diese Tafel stellet die verschiedene Arbeit vor, die in dem Füllungs-Ort vorgenommen wird.

Figur 1. Ein Knecht der aus der vorbeschriebenen Halle, worinnen die Pfannen stehen, ein Becken voll gesottenen Zucker trägt, um solchen in die Pfanne des Füllungsortes zu schütten.

Figur 2. Pfanne des Füllungsortes. A. Gestelle nahe bey der Pfanne, worauf ein Becken B. stehet, das der Meisterknecht mit Zucker aus der Füllungs- oder Austräuflungs-Pfanne voll macht.

Figur 3. Eiserne Schaufel oder Spatel, womit derjenige Zucker, der an der Füllungs-Pfanne fest geblieben seyn möchte, los gemacht wird.

Figur 4. Gestelle im Großen vorgestellet.

Figur 5. Ein Knecht, der die Formen in ihre Reißen ausstellet.

Figur 6. Becken des Füllungsortes.

Figur 7. Ein Knecht, der das Becken in die ausgestellten Formen ausleeret.

Figur 8. Die Pfanne des Füllungsortes mehr ins Große gezeiget.

Figur 9. Ein Knecht, der in den Formen den Zucker umrühret. Man siehet am Ende dieser Tafel unter der nämlichen Nummer das Messer, womit man diese Arbeit verrichtet.

Figur 10. Wege, worinnen man die gefüllten Formen durch die Fallthüren bringt.

Figur 11. Eymer und Wanne, worinnen die Erde und der zum Boden der Zuckerhüte nöthige Puderzucker auf den Boden gezogen wird.

Figur 12 und 13. Haken, die Wannen und Eymer durch die Fallthüren zu ziehen.

Figur 14. Vier Formen, die hingesetzet sind, wodurch man begreiflich machen will, wie die Formen mit alten zerbrochenen Formen gestützet werden müssen.

Achte Tafel.

Diese Tafel stellet den Stückboden vor, und beschreibt die Vorbereitung der zum Decken der Zuckerhüte nöthigen Erde.

Figur 1. Rolle. Durch Hülfe derselben wird durch die Fallthüren ein mit Erde oder Puderzucker gefülltes Gefäße aufgezogen.

Erklärung der Figuren.

Figur 2. Ahle, womit das Obertheil der Zuckerhüte in den Formen durchgebohret wird, ehe und bevor sie auf ihren Topf gestellet wird, damit der Syrup desto bequemer auslaufen könne.

Figur 3. Ohne Ordnung auf ihren Formen ausgestellte Töpfe, die ihren ersten Syrup austräufeln.

Figur 4. Ein kleiner Topf, der auf einen größeren gestellet ist, damit er seinen in sich habenden Syrup austräuflen könne; welches allemal bey den Umsetzen der Formen geschiehet.

Figur 5. Der Schabekasten.

Figur 6. Der nämliche Kasten auf zwey Böcke gestellt, und zwey Zuckerhüte darauf liegend.

Figur 7. Einige Formen, die vorher auf ihren Boden gesetzt sind, damit die Spitzen der Zuckerhüte, ehe sie ausgezogen werden, etwas härter werden mögen.

Figur 8. Ein Knecht, der die Zuckerhüte auszieher.

Figur 9. Zeiget, wie man die Formen Reihenweise, ehe daß sie mit Erde bedecket werden, ausstellet.

Figur 10. Formen, die auf Töpfen stehen und reihenweise ausgesetzt sind. Man siehet einen Knecht, der sie mit Erde bedecket.

Figur 11. Mauerkelle, die zum Boden an den Zuckerhüten gebraucht wird.

Figur 12. Rabehauen, die man bey dem Aushacken der Erde gebraucht.

Figur 13. Wanne, worinnen diese Erde zubereitet wird, nebst der Kreuzmaschine, womit die Erde durchgeweichet wird.

Figur 14. Stellet diese Kreuzmaschine vor.

Figur 15. Die Spatel, womit das Wasser und die Erde in der Wanne vereiniget wird.

Figur 16. Ein Durchschlag, der über eine Wanne aufgestellet ist. Ein Knecht lässet durch diesen Durchschlag die bereits eingeweichte Erde durchfließen.

Figur 17. Der Durchschlag, nebst seinen Bändern, womit er umgeben ist.

Figur 18. Kleiner Löffel, womit die Erde auf die Formen gebracht wird.

Figur 19. Korb, worein die erdenen Kuchen, wenn sie von den Formen kommen, geworfen werden.

Figur

Erklärung der Figuren.

Figur 20. Bürste, die der Knecht an seinem Arm feste macht, wenn er die Hüte aus ihren Formen ziehet, und sie an ihren Grund abbürsten will. Man siehet diese Bürste bey der 8 Figur, woselbst sie der Knecht an seinem Arm hängen hat.

Figur 21. Hölzernes Pritschbret, worauf die erdene Decke umgeworfen wird, wenn nach den bereits mit Erde versehenen Zuckerhüten gesehen werden soll, in welchem Stande sie sind.

Figur 22. Dünnes und sich biegendes hölzernes Messer, das zum loßlösen der Hüte aus ihren Formen dienet.

Figur 23. Eine auf ihr hölzernes rundes Brett, das den Topf, worauf sie ruhet bedeckt, umgestürzte Form.

Figur 24. Feuermaschine von Eisenblech, worinnen angebrannte Holzkohlen gelegt werden, und womit die Gewölber, worinnen der nicht hinlänglich geläuterte Zucker austräufelt, und die Stellen der Böden, die man mehr als durch die Glutbecken erwärmen will, versehen werden.

Figur 25. Wannen und Eymer die Erde fortzubringen.

Neunte Tafel.

Sie stellet die Vorbereitung der Zuckerhüte vor, ehe sie zur Darre kommen, und auf welche Weise die Hüte in Papier und Bindfaden gebracht werden. Endlich wie man sie in Fässer einleget, und wie man mit dem Schaum verfähret u. s. w.

Figur 1. Rolle einer Fallthüre, nebst der Wage die an den Haken hängt.

Figur 2. Einige Zuckerhüte, die aus ihren Formen gezogen sind, und die man vorher ein wenig abtrocknen läßt, ehe sie in die Darre gebracht werden.

Figur 3. Eine der Oefnungen, die mit der Darre in Gemeinschaft sind. Man siehet dadurch, auf welche Weise die Zuckerhüte in der Darre ausgestellet sind.

Figur 4. Ein Knecht, der mit Bedacht die Hüte aufnimmt, und auf das Brett der 6 Figur stellet, womit sie in die Darre gebracht werden.

Figur 5. Einen Zuckerhut, der mit dem Messer a. und dem Schlägel b. zerschlagen werden; welches darum geschiehet, damit man wissen könne, ob das Innere des Hutts in der Darre hinlänglich ausgetrocknet ist.

Figur 6. Ein umgekehrtes Faß, worauf ein Brett liegt, das sechs Zuckerhüte trägt, die in die Darre gebracht werden sollen.

Figur 7. Ein Knecht, der die Hüte in die Darre bringt.

Figur 8. Ein anderer Knecht, der die aus der Darre gekommenen Zuckerhüte in Papier und Bindfaden wickelt.

Die 9, 10, 11 und 12. Figur stehen mit dieser Arbeit im Verhältniß.

Figur 13. Behältniß, worinnen die mit Papier und Bindfaden versehenen Hüte in der Faltekammer gelegt werden.

Figur 14. Wageschale und der Korb, worinnen die Zuckerhüte gewogen werden.

Figur 15. Faß, worinnen die Hüte eingepackt werden.

Figur 16. Anordnung der Pfanne zum Schaum, mit ihren Korbe.

Figur 17. Leinener Sack oder Tasche, welcher in den Korb geleget, und wodurch der Schaum gepreßt wird.

Figur 18. Hölzerner Deckel, der in den Korb über den Sack gelegt wird, den Schaum damit auszupressen.

Figur 19. Durchschnitt einer Pfanne, worinnen man sehen kann, wie die Arbeiter vermöge einer zerbrochenen Forme das Aufwallen des Zuckers im Zaum halten.

Figur 20. Eine Forme zu groben Zucker, und wie sie auf ein Gestelle gelegt wird, damit man die Forme durchbohren könne.

Figur 21. Ein Knecht, der eine solche Forme durchbohret.

Figur 22. Hölzerner Pfriemen, der zu diesem Behuf dienet.

Figur 23. Eine solche Forme auf ihren Topf gestellet.

Die 24ste Figur zeiget, auf welche Weise man die Spitzen der groben Zuckerhüte, die in der Forme sitzen geblieben, durch Hülfe eines eisernen Nagels loß macht.

Figur 25. Abbildung dieses eisernen Nagels.

Figur 26. Gefäße, worinnen der grobe Syrup geschüttet wird, der darinnen nach Holland verhandelt wird.

Figur 27. Ein Topf, der mit groben Syrup angefüllet ist.

Figur 28. Ofenkrücken und verschiedene Schaufeln, die zu vielerley Gebrauch in den Zuckersiedereyen nöthig sind.

Erklärung der Figuren.   87
Zehnte Tafel.
Stellet die Darre vor.

Figur 1. Durchschnitt der Darre nach ihrer Höhe. a. b. Höhe der Darre, in welcher
sechs Fächer f. sind. Auf den untersten Fächern siehet man einige Zuckerhüte stehen.
I. Sind Fenster durch welche die Hüte in die Darre gebracht werden. Sie werden
hernach durch das andere Fenster, das gegen der Faltekammer über ist, aus der Darre gezogen. N. Thüre, wodurch man auf den Boden gehet, der über der Darre ist,
wenn die Klappen der Zuglöcher auf oder zugemacht werden sollen. Bey A. siehet
man eines davon vorgestellet. P. Der Kasten oder Ofen, womit die Darre geheizet
wird. i. G. der Rost. E. Das Aschenloch. H. Platte von starken Eisenblech, daß
auf den Ofen gelegt wird, damit der darauf fallende Zucker nicht verbrenne. Q Zuglöcher, das Feuer anzufachen, O. Röhre zum Abziehen des Rauches aus dem Ofen.

Figur 2. Grundriß der oberen Decke der Darre, N. Thüre, wodurch man dahin einge-
het. A. die mit ihren Klappen zugemachten Zuglöcher. O. Schlund des Schorsteines.

Figur 3. Horizontaler Durchschnitt der Darre über dem Ofen. C. Balken und Schwellen, die einen der Fußboden der Darre ausmachen. a. b. c. d. inwendige Weite dieser Darre n. p. Einfassung, die einen großen leeren Raum m. n. o. p. über den Ofen
ausmacht, wodurch die Hitze in den verschiedenen Fächern der Darre sich ausbreitet.
h. g. e. Durchschnitt des Ofens bis an die Höhe des Rostes. Q. Vertiefung in der
Erde, die ein Luftloch ausmacht, und die Luft unter den Rost durchstreichen hilft.
M. Verschlag, der die Thüren, die den Eingang in zwey Darren verschaffen, und
die man sich als einander gegenüber stehend vorstellen muß, bedecket und zuhält.

Ende der Zuckersiederkunst.

Fig. 10.

Fig. 13.

Fig. 8.

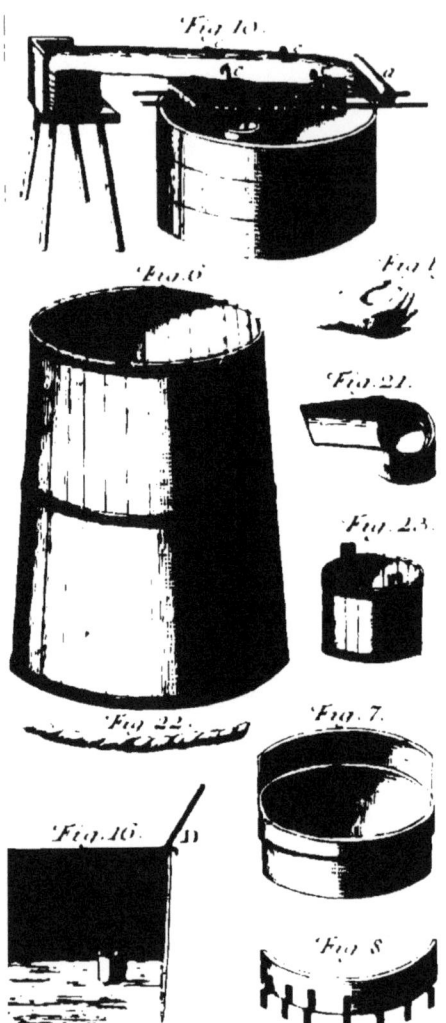

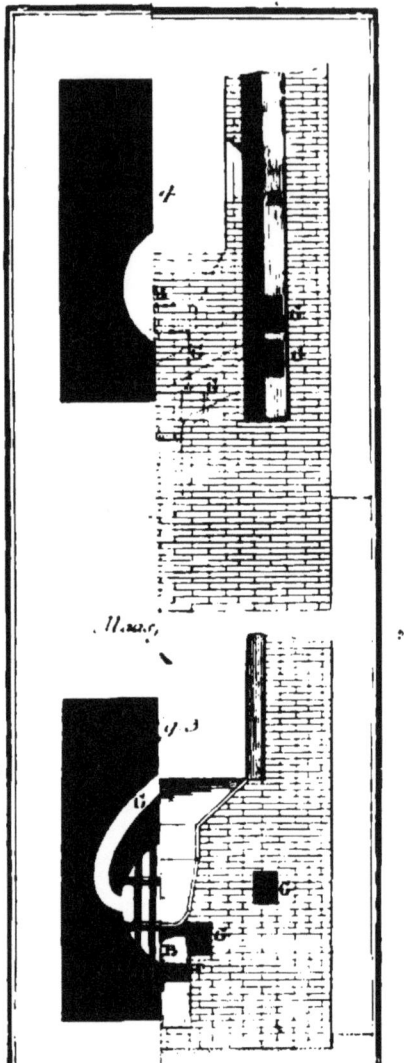

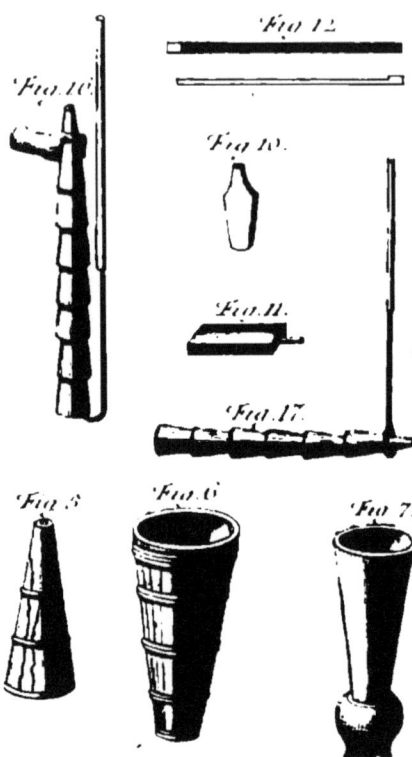